500 Hidden Secrets
PARIS

EINLEITUNG

Dieser Reiseführer führt Sie weg von den ausgetretenen Touristenpfaden und hin zu spannenden, weniger bekannten Orten von Paris, vom intimen Restaurant über ungewöhnliche Läden zu versteckten Passagen. Es werden die Lieblingsplätze der Pariser aufgelistet, wie die fünf Kochkurse zum Ausprobieren, die fünf charmantesten kleinen Museen oder fünf unerwartete Orte, an denen man einen tollen Abend haben kann.

Das Ziel dieses Buches ist es, den Leser an Plätze zu führen, die üblicherweise nicht in Reiseführer aufgenommen werden. So wie die schönsten Künstlerateliers oder ein italienisches Restaurant mit nur sechs Tischen oder auch der fantastische Blick über Paris vom Dach eines Kaufhauses aus. Gleichzeitig werden auch kleine Schmuckdesigner, außergewöhnliche Schreibwarenläden und unzählige andere Adressen wie Cafés, Galerien und Läden genannt.

Der Reiseführer stellt auch ungewöhnliche Erlebnisse vor, wie ein Picknick in einem geheimen Garten im Herzen des Marais oder mit Kindern im fantastischen Kostümverleih stöbern. Auch so unerwartete Details wie alte Reklamewände aus den Fünfzigerjahren, die man sonst vielleicht übersehen hätte, sind mit aufgeführt.

Zuletzt noch ein Hinweis: Nicht alles, was man in Paris sehen und unternehmen kann, wird in diesem Buch erwähnt. Darüber sind schon viele Reiseführer geschrieben worden. Vielmehr werden persönliche Einblicke gewährt, die auf persönlichen Erfahrungen beruhen. Dabei verrät die Autorin den Lesern ihre privaten Lieblingsplätze, so, als ob sie ein guter Freund in Paris besuchen würde – der meistgeliebten Stadt Europas.

ÜBER DAS BUCH

Dieser Reiseführer listet 500 wissenswerte Tipps zu Paris in 100 verschiedenen Kategorien auf. Bei einem Großteil handelt es sich um Orte, deren Besuch sich lohnt, andere bieten praktische Informationen, die Ihnen helfen sollen, die Stadt und ihre Einwohner besser kennenzulernen. Dieses Buch soll inspirieren, anstatt die Stadt von A bis Z zu erfassen.

Die im Buch beschriebenen Orte erhielten neben ihrer Adresse eine Nummer die auf die Karten verweist, das Stadtviertel (z.B. Quartier Latin oder Marais) sowie die Abkürzung »RG« oder »RD« (für *rive gauche*, das linke, oder *rive droit*, das rechte Ufer der Seine). Die Nummer des jeweiligen Arrondissements (Paris ist in 20 *arrondissements*, d.h. Bezirke, unterteilt), wird ebenfalls genannt. Suchen Sie nach der Karte des entsprechenden Stadtteils und dann nach der Nummer. Wichtiger Hinweis: Diese Karten sind nicht besonders detailliert und können nur einen groben Überblick geben. Einen genaueren Stadtplan erhalten Sie bei jeder Touristeninformation oder im Hotel. Oder geben Sie die Adresse einfach in Ihr Smartphone ein.

Bitte bedenken Sie, dass dieses Buch auf der subjektiven Auswahl der Autorin beruht und dass Städte sich ständig verändern. Besitzer und Personal eines Restaurants können wechseln und damit auch die Qualität des Service und der Speisen. Wenn Sie eine Korrektur vorschlagen, eine Location empfehlen oder Ihren persönlichen Lieblingsort in Paris verraten wollen, nehmen Sie bitte Kontakt mit dem Verlag auf oder gehen auf die Website *www.the500hiddensecrets.com* – hier gibt es auch kostenlose Tipps und Neuigkeiten zur Reihe. Oder Sie folgen *@500hiddensecrets* auf Instagram oder Facebook.

DIE AUTORIN

Marie Farman ist eine echte Pariserin. Sie wurde an der Seine-Metropole geboren und lebt auch heute mit ihrem Partner und ihren Kindern dort. Marie findet, dass es in jedem Viertel etwas Besonderes zu entdecken gibt, sei es ein winziger, hinter einem Torbogen versteckter Hof, eine ruhige Straße im Großstadtdschungel oder ein kleiner von Cafés umstandener Platz. Ihr Rat? Nach oben schauen, um die kleinen Details zu entdecken, die Balkone, Blumen oder wunderschönen Buntglasfenster. In einem Café sitzen und das Leben der Stadt an sich vorbeiziehen lassen. Ohne Ziel herumlaufen und sich von der unvergleichlichen Schönheit von Paris überraschen lassen, deren Lebendigkeit die Autorin noch immer inspiriert und träumen lässt.

Als Design-Journalistin ist Marie jeden Tag in der ganzen Stadt unterwegs und voller Enthusiasmus entdeckt sie während der Interviews, den Ausstellungen und Besuchen von Designstudios die verschiedenen Facetten des Großstadtlebens.

Die Autorin möchte sich bei den vielen Menschen bedanken, die ihr geholfen haben, diese 500 besonderen Adressen zusammenzutragen. Ohne die wertvolle Hilfe von Familie, Freunden, Bekannten, Kollegen, Nachbarn und Zufallsbekanntschaften wäre es wohl nicht möglich gewesen, eine so umfassende Liste zusammenzustellen. Dabei sind Orte, ohne die ein Pariser nicht leben kann und Orte, die die Seele von Paris verkörpern.

PARIS
Übersicht

Karte 1
ARC DE TRIOMPHE, CHAMPS-ÉLYSÉES & GRANDS BOULEVARDS (RD)

Karte 2
LOUVRE & LES HALLES (RD)

ESSEN – TRINKEN – EINKAUFEN – MODE – ENTDECKEN – KULTUR – KINDER – ÜBERNACHTEN – AUSGEHEN – QUERBEET

Karte 3
MARAIS & BASTILLE (RD)

ESSEN — TRINKEN — EINKAUFEN — MODE — ENTDECKEN — KULTUR — KINDER — ÜBERNACHTEN — AUSGEHEN — QUERBEET

ESSEN — TRINKEN — EINKAUFEN — MODE — ENTDECKEN — KULTUR — KINDER — ÜBERNACHTEN — AUSGEHEN — QUERBEET

Karte 4
INVALIDES & EIFFELTURM (RG)

ESSEN – TRINKEN – EINKAUFEN – MODE – ENTDECKEN – KULTUR – KINDER – ÜBERNACHTEN – AUSGEHEN – QUERBEET

Karte 5
SAINT-GERMAIN-DES-PRÉS & MONTPARNASSE (RG)

ESSEN – TRINKEN – EINKAUFEN – MODE – ENTDECKEN – KULTUR – KINDER – ÜBERNACHTEN – AUSGEHEN – QUERBEET

Karte 6
ÎLE DE LA CITÉ & ÎLE SAINT-LOUIS

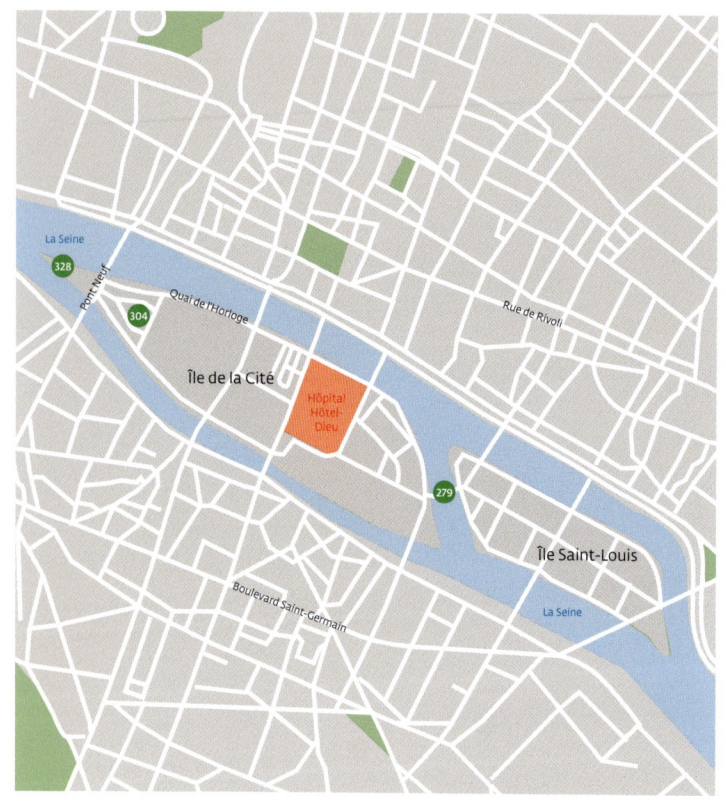

ESSEN – TRINKEN – EINKAUFEN – MODE – ENTDECKEN – KULTUR – KINDER – ÜBERNACHTEN – AUSGEHEN – QUERBEET

Karte 7
QUARTIER LATIN (RG)

ESSEN – TRINKEN – EINKAUFEN – MODE – ENTDECKEN – KULTUR – KINDER – ÜBERNACHTEN – AUSGEHEN – QUERBEET

Karte 8
MONTMARTRE (RD)

ESSEN — TRINKEN — EINKAUFEN — MODE — ENTDECKEN — KULTUR — KINDER — ÜBERNACHTEN — AUSGEHEN — QUERBEET

Karte 9
BELLEVILLE & UMGEBUNG (RG)

ESSEN – TRINKEN – EINKAUFEN – MODE – ENTDECKEN – KULTUR – KINDER – ÜBERNACHTEN – AUSGEHEN – QUERBEET

120 ORTE ZUM ESSEN

Die 5 besten **TRADITIONSBISTROS** —— 22

5 tolle **BRASSERIEN** —— 24

5 Restaurants für ein **ROMANTISCHES DINNER** —— 27

5 Restaurants mit **AUTHENTISCHER KÜCHE** — 29

Die 5 besten **VEGGIE- UND BIO-** *Restaurants* — 31

Die 5 besten Restaurants für **INTERNATIONALE KÜCHE** —— 34

Die 5 besten Orte für einen **SONNTAGSBRUNCH** —— 36

5 hervorragende **ITALIENISCHE** *Restaurants* — 38

5 hervorragende **ASIATISCHE** *Restaurants* —— 40

5 hervorragende **JAPANISCHE** *Restaurants* —— 42

Die 5 besten **SANDWICHLÄDEN** —————— 45

5 außergewöhnliche **PATISSERIEN** —————— 48

Die 5 schönsten **MÄRKTE** —————— 51

Die 5 allerbesten **BÄCKEREIEN** —————— 53

5 außergewöhnliche **CHOCOLATERIEN** —————— 56

5 ausgezeichnete
LEBENSMITTELGESCHÄFTE —————— 58

5 SPEZIALITÄTENLÄDEN,
ohne die man nicht leben kann —————— 60

5 unentbehrliche **KÄSELÄDEN** —————— 63

5 delikate **FEINKOSTADRESSEN** —————— 65

Die 5 besten **BURGERLOKALE** —————— 69

5 Orte für ein tolles **FRÜHSTÜCK** —————— 71

5 **KOCHKURSE** *zum Reinschnuppern* —————— 73

5 inspirierende **TEESALONS** —————— 75

Die 5 besten
SPEZIALITÄTENRESTAURANTS —————— 77

Die 5 besten
TRADITIONSBISTROS

---

1 **AU PETIT FER À CHEVAL**
   30 rue Vieille du Temple
   4. Arr. – Marais & Bastille (RD) ③
   +33 (0)1 4272 4747
   www.cafeine.com/petit-fer-a-cheval

   Die namengebende hufeisenförmige Zinkbar, der dahinterliegende Speisesaal, der Mosaikboden und der winzige Außenbereich machen dieses authentische Pariser Bistro zu einem Pflichtbesuch im Marais. Auf der Speisekarte stehen einige Beispiele traditioneller französischer Küche, einschließlich so unvergleichlicher Desserts wie der *tarte tatin*. Ein Drink oder eine Mahlzeit kann zu einem Gespräch oder auch einer langjährige Freundschaft mit den Menschen am Nachbartisch führen.

2 **LE SQUARE TROUSSEAU**
   1 rue Antoine Vollon
   12. Arr. – Marais & Bastille (RD) ③
   +33 (0)1 4343 0600
   www.squaretrousseau.com

   Dem Art-déco-Café/Brasserie ist es gelungen, seine besondere Atmosphäre und das Erscheinungsbild beizubehalten und gleichzeitig die Speisekarte zu modernisieren. Der große, sonnige Außenbereich geht auf den Platz hinaus, mit Abstand zu dem vorüberrauschenden Verkehr. Morgens sehr beliebt bei den Einheimischen.

3 **LE BAR DU MARCHÉ**
75 rue de Seine
6. Arr. – Saint-
Germain-des-Prés &
Montparnasse (RG) ⑤
+33 (0)1 4326 5515

Die perfekte Lage der Bar an der Ecke Rue de Seine und Rue de Buci – im Herzen von Saint-Germain-des-Prés – hat sie zu einer Institution im Viertel gemacht. Obwohl es – sommers wie winters – manchmal schwierig sein kann, einen Tisch auf der Terrasse zu ergattern: Geduld zahlt sich aus, denn hier kann man ganz wundervoll das geschäftige Treiben beobachten …

4 **LA PALETTE**
43 rue de Seine
6. Arr. – Saint-
Germain-des-Prés &
Montparnasse (RG) ⑤
+33 (0)1 4326 6815
www.lapalette-paris.com

Die Fassade dieser Bistro-Ikone steht unter Denkmalschutz. La Palette ist mit seinem berühmten Außenbereich zur Fußgängerzone Rue Jacques-Callot hin ein absoluter Klassiker. Studenten der nahe gelegenen Kunstinstitute sind hier zu jeder Tageszeit zu finden, wie auch die Besitzer der umliegenden Kunstgalerien, die dieses Bistro zu ihrer Zentrale erkoren haben.

5 **LE PURE CAFÉ**
14 rue Jean-Macé
11. Arr. – Marais &
Bastille (RD) ③
+33 (0)1 4371 4722
www.lepurecafe.fr

Das ist der Inbegriff eines Pariser Bistros mit seiner großartigen Fassade, seinem auf Hochglanz polierten Zinktresen, dem gefliesten Boden und den Spiegeln an den Wänden. Die Besitzer haben die Einrichtung mit viel Fingerspitzengefühl modernisiert und dabei die historischen Ausstattungsstücke erhalten. Eine Nachbarschaftskneipe, die bei allen Altersgruppen beliebt ist.

5 tolle
BRASSERIEN

---

6 **LE CHARDENOUX**
1 rue Jules Vallès
11. Arr. – Marais &
Bastille (RD) ③
+33 (0)1 4371 4952
www.restaurant
lechardenoux.com

Das Chardenoux wurde 1908 eröffnet und ist damit eines der letzten noch erhaltenen echten Pariser Bistros und ein historisches Denkmal. Mit den originalen Wandspiegeln, der Theke voller Marmorintarsien und den Bodenfliesen hat sich auch die Eleganz und angenehme Atmosphäre der Jahrhundertwende erhalten. Vor einigen Jahren hat Cyril Lignac als Küchenchef übernommen: Die französische Küche und regionale Produkte stehen bei ihm im Mittelpunkt, traditionelle Gerichte werden modern interpretiert. Ein wunderbares Erlebnis!

7 **LE BISTROT VIVIENNE**
4 rue des Petits Champs
2. Arr. – Louvre &
Les Halles (RD) ②
+33 (0)1 4927 0050
www.bistrot
vivienne.com

Lage, Lage, Lage … Die Brasserie, am Eingang der Galerie Vivienne gelegen, einer überdachten Passage von 1823, hat dies genutzt und ein paar Tische in die herrliche Arkade gestellt. Aber auch drinnen im Speisesaal kann man schön sitzen und sein Essen genießen. Das Vivienne ist für seine leckere, traditionelle Bistro-Küche bekannt.

7 LE BISTROT VIVIENNE

9 LE RICHER

8 **BISTROT PAUL BERT**
 18 rue Paul Bert
 11. Arr. – Marais &
 Bastille (RD) ③
 +33 (0)1 4372 2401

Ein Schritt in dieses Bistro und man glaubt sich mitten in einer alten, kitschigen Ansichtskarte – aber ohne die Klischees. Die Gästeschar besteht aus einem angenehmen Mix aus Touristen und Einheimischen, denen genau das serviert wird, was sie erwarten: Wohlfühlessen, perfekt zubereitet, z. B. ein *steak béarnaise* mit handgeschnittenen Pommes oder das klassische Dessert *crème caramel*, kombiniert mit fröhlicher Atmosphäre und tadellosem Service.

9 **LE RICHER**
 2 rue Richer
 9. Arr. – Montmartre
 (RD) ⑧
 www.lericher.com

Dieser Laden verkörpert die neue Pariser »Bistronomie«. Mit unverputzten Backsteinmauern als Hintergrund liegt der Fokus auf dem, was sich auf dem Teller befindet. Der Service ist aufmerksam, die Karte minimalistisch. Im Mittelpunkt stehen saisonale Produkte, die kreativ und geschickt verarbeitet werden. Das Le Richer nimmt keine Reservierungen entgegen, deshalb sollte man zeitig kommen.

10 **LE BARATIN**
 3 rue Jouye-Rouve
 20. Arr. – Belleville &
 Umgebung (RD) ⑨
 +33 (0)1 4349 3970

Dieses sehr empfehlenswerte Bistro liegt in einer ruhigen Straße im Arbeiterviertel Belleville. Chefköchin Raquel Carena legt ihr Herz und ihr ganzes Können in die Gerichte, die sie serviert! Alle Produkte werden von ihr sorgfältig ausgewählt, kombiniert und schön präsentiert.

5 Restaurants für ein
ROMANTISCHES DINNER

---

11 **BEEFBAR**
5 rue Marbeuf
8. Arr. – Arc de Triomphe, Champs-Élysées & Grands Boulevards (RD) ①
+33 (0)1 4431 4000
paris.beefbar.com

Ein sehenswertes Restaurant im Art-déco-Stil in Nachbarschaft zur Champs-Élysées. Der aus der Zeit der Jahrhundertwende stammende vordere Teil des Hauses ist denkmalgeschützt und wurde vom Architektenbüro Humbert & Poyet luxuriös und geschmackvoll umgestaltet. Wenn Sie also der Liebe Ihres Lebens ein unvergessliches Erlebnis bereiten möchten, fragen Sie speziell nach einem Tisch in diesem Bereich. Wie der Name bereits andeutet, ist Rindfleisch die Spezialität des Hauses!

12 **LE 404**
69 rue des Gravilliers
3. Arr. – Marais & Bastille (RD) ③
+33 (0)1 4274 5781
www.404-resto.com

Dieses marokkanische Restaurant ist der perfekte Ort für ein romantisches Dinner. Die Tische stehen etwas eng, die Atmosphäre ist lebhaft, einladend und exotisch, auch Dank der aufwendigen Innenausstattung mit gedämpften Licht und den Maschrabiyyas. Es ist, als würde man in Marokko zu Abend essen! Auch die traditionellen Gerichte wie Hähnchen-Tajine mit Birnen oder die Nachspeisen wie Ktefa nehmen einen mit auf Entdeckungsreise.

13 **MAISON MAISON**
GEGENÜBER 16 QUAI DU LOUVRE
1. Arr. – Marais & Bastille (RD) ②
+33 (0)9 6782 0732
www.restaurant-maisonmaison.com

Gehen Sie die Treppe zum Seineufer hinunter, um dieses abgelegene Restaurant zu erreichen. Es gibt nur ein paar Tische und nur wenige Gerichte auf der Speisekarte, die Weinkarte ist großartig. Die Einrichtung ist mit Absicht schlicht gehalten, die Dekoration edel. Der Blick auf die Seine, Pont Neuf und den Square du Vert-Galant ist wie gemalt – perfekt für ein Rendezvous.

14 **CHEZ JULIEN**
1 rue du Pont Louis-Philippe
4. Arr. – Marais & Bastille (RD) ③
+33 (0)1 4278 3164
www.beaumarly.com/chez-julien/accueil

Das Chez Julien vereint sämtliche Klischees eines romantischen Restaurants: Die Lage zwischen dem Marais und der Île Saint-Louis, das Belle-Époque-Interieur mit Holzvertäfelung und Spiegeln, das plüschige Ambiente, die traditionellen Gerichte und der herrliche Blick auf die nahe gelegene Kirche Saint-Gervais. Und obwohl das alles fast einem Filmset gleicht, ist das Restaurant doch zauberhaft …

15 **SADARNAC**
17 rue Saint-Blaise
20. Arr. – Belleville & Umgebung (RG) ⑨
+33 (0)1 7260 7206
www.restaurantsadarnac.fr/de/

Das winzige Restaurant von Jungköchin Lise Deveix in einer stimmungsvollen schmalen Gasse im 20. Arrondissement erfüllt sämtliche Kriterien für ein romantisches Abendessen, bei dem es manches zu entdecken gibt: intime Atmosphäre, aufmerksamen Service und Überraschungsmenüs je nach saisonal wechselndem Marktangebot.

5 Restaurants mit
AUTHENTISCHER KÜCHE

---

16 **SEPTIME**
80 rue de Charonne
11. Arr. – Marais &
Bastille (RD) ③
+33 (0)1 4367 3829
www.septime-charonne.fr

Hier harmonisieren die Einrichtung und das Essen – beide sind geradezu ein Gedicht. Der Küchenchef des Septime, Bertrand Grébaut, gehört zur neuen Generation junger Pariser Restaurantbesitzer, die sich von der unverfälschten Qualität regionaler Produkte inspirieren lassen. Ein unvergleichliches Restaurant, in dem man warmherzig und unaufdringlich willkommen geheißen wird. Vorher reservieren.

17 **LE CLOWN BAR**
114 rue Amelot
11. Arr. – Marais &
Bastille (RD) ③
+33 (0)1 4355 8735
www.clown-bar-paris.com

Das kleine Nachbarschaftsbistro gleich am Cirque d'Hiver (Winterzirkus), das es schon seit Ewigkeiten gibt, wurde von einem kundigen jungen Team erst jüngst wiederbelebt. Wir lieben die kleinen Appetithappen, die man an der Bar essen kann oder sich mit Freunden draußen an einen Tisch teilt – sozusagen die Edelvariante von Tapas. Dann noch die Dessertkarte und das freundliche Personal: zwei Gründe mehr, um diese Bar zu einem Ihrer Lieblingslokale zu machen.

18 BUFFET

8 rue de la Main d'Or
11. Arr. – Marais &
Bastille (RD) ③
+33 (0)1 8389 6382
www.restaurant
buffet.fr

Das gemütliche Restaurant mit Pariser Ambiente glänzt durch seine aromatische internationale Küche. Bestellen Sie eines der Gerichte zum Teilen mit einer tollen Flasche Wein. Auf der Weinkarte finden Sie die führenden Bio-Winzer. Nur abends geöffnet.

19 FRENCHIE

5–6 rue du Nil
2. Arr. – Louvre &
Les Halles (RD) ②
+33 (0)1 4039 9619
www.frenchie-
restaurant.com

Grégory Marchand ist die Galionsfigur einer neuen Generation von Köchen, die die Regeln der französischen Küche auf den Kopf gestellt haben. Das Restaurant ist sehr beliebt und bietet dabei nur zwanzig Personen Platz, man muss seinen Tisch deswegen Wochen und manchmal Monate im Voraus reservieren. Die Speisekarte bietet viele saisonale, internationale Gerichte, die von der traditionellen französischen Küche inspiriert sind.

20 LE PETIT KELLER

13bis rue Keller
11. Arr. – Marais &
Bastille (RD) ③
+33 (0)1 4355 9054

Dieses winzige, typische Pariser Bistro in der Nähe des Place de la Bastille serviert japanisch-französische Fusionsküche. Kombinationen, Geschmack und Textur der Speisen sind köstlich und überraschend zugleich. Am Abend werden Gerichte zum Ausprobieren im Tapas-Stil angeboten.

Die 5 besten VEGGIE- UND BIO - *Restaurants*

---

21 **KITCHEN**
   74 rue des Gravilliers
   3. Arr. – Marais &
   Bastille (RD) ③
   +33 (0)9 5255 1166
   kitchenparis.com

In nur wenigen Jahren ist es dem Amerikaner Marc Grossmann, einem Guru der Biofoodbewegung, gelungen, die Pariser Gastronomie zu revolutionieren. Seine Saftbar und seine Bäckerei sind genau das Richtige für alle, die Samen und Getreide, Gemüse und energetisierende Fruchtsäfte lieben. Die Atmosphäre ist entspannt, cool und hip. Marc catert auch für das Kitchen und das Shakespeare & Company Café.

22 **WILD & THE MOON**
   25 rue des Gravilliers
   3. Arr. – Marais &
   Bastille (RD) ③
   +33 (0)1 8695 4045
   wildandthemoon.fr

Wenn Sie alles lieben, was Mutter Natur zu bieten hat, sind Sie hier richtig! Im Wild & The Moon serviert man kalt gepresste Säfte und vegane Bowls, die man vor Ort verzehren kann, oder Sie wählen eine der kleinen Boxen mit diversen »Superfoods« (wie Baobab, Spirulina, Guarana, Maca …), um zu Hause zu entgiften.

23 **LA GUINGUETTE D'ANGÈLE**

34 rue Coquillère
1. Arr. – Louvre &
Les Halles (RD) ②
+33 (0)9 8241 0363
laguinguette
dangele.com

Angèle Ferreux-Maeght gilt als unbestrittene Queen gesunder Ernährung in Paris. Ihr charmanter kleiner Imbiss verwandelt sich nachmittags in eine Teestube, in der sie Kuchen, Torten, glutenfreie Kekse, vegane Mousses und Energiebällchen verkauft. Der perfekte Ort also für einen Muntermacher bei der Stadterkundung.

24 **SOYA**

20 rue de
la Pierre Levée
11. Arr. – Belleville &
Umgebung (RD) ⑨
+33 (0)1 4806 3302
www.soya-cantine-
bio.fr

Diese Biorestaurant war eines der ersten in Paris. Soya war auch eines der ersten Biolokale mit einem modernen, großzügigen Interieur, das Industriearchitektur mit großen Holztischen kombiniert, auf denen üppige Gerichte serviert werden. Das Lokal war sofort ein großer Erfolg, was vor allem am köstlichen vegetarischen Couscous liegt.

25 **GUENMAI**

6 rue Cardinale
6. Arr. – Saint-
Germain-des-Prés &
Montparnasse (RG) ⑤
+33 (0)1 4326 0324

Im Guenmai ist »Bio« nicht nur ein hippes Marketingschlagwort, sondern eine Philosophie, wie man auf dem Schriftzug an der Fassade sehen kann: *la santé par l'alimentation* (Gesundheit durch Ernährung). Aber nichts erinnert hier an eine Arztpraxis. Das macrobiotische Essen ist vielfältig und lecker. Die Korbsessel und der winzige Außenbereich haben etwas Charmantes.

Die 5 besten Restaurants für
INTERNATIONALE KÜCHE

---

26 **BALAGAN**
**9 rue d'Alger
1. Arr. – Arc de
Triomphe, Champs
Elysées & Grands
Boulevards (RD) ①
+33 (0)1 4020 7214
www.balagan-paris.com**

Dieses nette Restaurant ist nur einen Katzensprung von den Tuilerien und dem Place Vendôme entfernt. Sein Name lässt sich mit »Tohuwabohu« übersetzen. Die Weltklasse-Köche Assaf Granit und Uri Navon servieren ihre eigene raffinierte und abwechslungreiche Interpretation der Küche Israels. Abends kann es ausgelassen zugehen …

27 **SHABOUR**
**19 rue Saint-Sauveur
2. Arr. – Louvre &
Les Halles (RD) ②
+33 (0)6 9516 3287
www.restaurant
shabour.com**

Shabour bedeutet auf Hebräisch »gebrochen« und in dem Restaurant des berühmten israelischen Küchenchefs Assaf Granit brechen sie sanft die Konventionen und bieten gleichzeitig ein außergewöhnliches Erlebnis. Die Gäste sitzen an einer riesigen Marmortheke und beobachten die Köche beim Zubereiten ihrer kreativen und raffinierten Gerichte. Eine kulinarische Tour in inspirierendem und festlichem Ambiente.

28 AMAGAT

23 Villa Riberolle
20. Arr. – Belleville &
Umgebung (RD) ⑨
+33 (0)6 0931 6162
www.amagatparis.fr

Versteckt (katalanisch amagat) in einer nicht gekennzeichneten Gasse, ist dieses geheime Juwel gerade richtig für einen lebhaften, unterhaltsamen Abend. Inspiriert von den Bodegas und Tabernas im Nordosten Spaniens, zelebriert das hübsche Restaurant die Küche und Weine Kataloniens. Man bestellt leckere und raffinierte Tapas zum Teilen, genau wie in Barcelona.

29 LIZA

14 rue de la Banque
2. Arr. – Louvre &
Les Halles (RD) ②
+33 (0)1 5535 0066
restaurant-liza.com

Diese libanesische Institution serviert traditionelle und raffinierte Gerichte in einem brillanten Setting. Genießen Sie köstliche, duftende Mezze in vielen Varianten, die zu einer Reise in den Nahen Osten einladen. Die libanesische Gemeinde von Paris trifft sich hier an den Sonntagen zum ausgezeichneten Brunch mit üppigem Buffet.

30 YAYA

33 avenue Secrétan
19. Arr. – Belleville &
Umgebung (RD) ⑨
+33 (0)1 4241 1286
yayarestaurant.com

Yaya ist der Spitzname der Großmutter der beiden jungen Franko-Griechen Pierre-Julien und Grégory Chantzios, die ihr eigenes Olivenöl produzieren und wissen, wo man die leckersten Spezialitäten einkauft. An diesem zweiten Pariser Standort servieren die beiden daher in heller und freundlicher Atmosphäre reichhaltige griechische Spezialitäten mit einem mediterranen Flair.

Die 5 besten Orte für einen
SONNTAGSBRUNCH

---

31 **HOLYBELLY 19**
19 rue Lucien Sampaix
10. Arr. – Belleville & Umgebung (RD) ⑨
+33 (0)1 8228 0080
holybellycafe.com

Die Schlange vor dem Restaurant sagt eigentlich schon alles … Eine Pariser Institution, gegründet von einer Gruppe Mittdreißiger, die für viele mit ihren exzellenten Pancakes, gemütlichen Ledersitzen und ausgesprochen freundlichen Kellnern ganz oben auf der Liste steht.

32 **MAMA SHELTER**
109 rue de Bagnolet
20. Arr. – Belleville & Umgebung (RD) ⑨
+33 (0)1 4348 4848
www.mamashelter.com

Das sonntägliche Brunchbuffet dieses alternativen Boutique-Hotels ist eines der beliebtesten der Stadt. Es wird ständig neu aufgetragen, damit alles jederzeit appetitlich, üppig und raffiniert aussieht. Für jeden Geschmack ist etwas dabei, sei es *parmentier de confit de canard*, ein Enten-Kartoffel-Auflauf, oder Waffeln mit Nutella und Sahne. Wenn Sie etwas Gesünderes vorziehen, können Sie den Quinoasalat oder eine Suppe wählen. Hier geht es sehr entspannt zu, Sie können den ganzen Nachmittag auf dem Sofa verbringen, während die Kids umhertollen.

33 DERRIÈRE

**69 rue des Gravilliers
3. Arr. – Marais &
Bastille (RD) ③
+33 (0)1 4461 9195
www.derriere-resto.
com**

Dieses ungewöhnliche Restaurant entstand aus der Idee, Menschen wie zu Hause zu empfangen. Die Dekorateurin Bambi Sloan hat das Warenhaus mit ihrem eklektischen Stilmix in einen skurrilen und freundlichen Ort verwandelt. Der Sonntagsbrunch wird in der Bibliothek oder im Schlafzimmer serviert. Das Highlight ist definitiv das Dessertbuffet. Essen Sie ohne Schuldgefühle, bevor es zum Pingpong spielen geht!

34 MA COCOTTE

**106 rue des Rosiers
Saint-Ouen
Montmartre (RD) ⑧
+33 (0)1 4951 7000
www.macocotte-
lespuces.com**

Obwohl hier kein traditioneller Brunch angeboten wird, sondern *les chouchous,* eine Reihe von »schicken Snacks«, ist es ideal für eine Pause, während man den Flohmarkt besucht. Philippe Starck hat dieses lässige, gemütliche Restaurant entworfen und dabei seine eigenen Arbeiten mit Flohmarktfunden kombiniert. Das Restaurant wird im Herbst 2022 mit dem jungen Küchenchef Juan Arbelaez wiedereröffnet. Besuchen Sie in der Zwischenzeit das Café Le Paul Bert im Herzen des Paul Bert Serpette-Marktes.

35 CALI SISTERS

**17 rue Notre Dame
des Victoires
2. Arr. – Louvre &
Les Halles (RD) ②
calisisters.
thecalisisters.com**

Die Schwestern Capucine und Juliette, die den »Californian way of life« und die dortige Küche lieben, servieren gesunden, schmackhaften Brunch im Stil der Westküste, mit grünem Saft, Knuspermüsli und Hummerbrötchen. Ein helles, modernes Boho-Restaurant, ideal für ein Brunch mit Freunden.

5 hervorragende
ITALIENISCHE
Restaurants

---

36 **LA TABLE UNIQUE**
LA TÊTE DANS LES OLIVES
2 rue Sainte-Marthe
10. Arr. – Belleville &
Umgebung (RD) ⑨
+33 (0)9 5131 3334
cedriccasanova.com

Was für eine großartige Idee, nur einen einzigen Tisch in die Mitte dieses winzigen und charmanten Delikatessenladens zu stellen. Im »La tête dans les olives« können Sie mit zwei oder mehr Freunden (maximal sechs Gäste) zu Abend essen. Serviert wird eine Auswahl raffinierter, außergewöhnlicher sizilianischer Spezialitäten, die vom Chefkoch zubereitet werden. Für diese einmalige Erfahrung sollten Sie frühzeitig reservieren.

37 **PEPPE PIZZERIA**
2 place Saint-Blaise
20. Arr. – Belleville &
Umgebung (RD) ⑨
peppeparis.fr

Die angeblich beste Pizzeria Europas findet man am Place Saint-Blaise gegenüber der Kirche Saint-Germain de Charonne. Küchenchef Giuseppe Cutraro, vor Kurzem zum besten Pizzabäcker der Welt gekürt, serviert neben klassischer Pizza im neapolitanischen Stil auch Eigenkreationen. Um Enttäuschungen zu vermeiden, sollten Sie im Voraus buchen.

38 **CIBUS**

5 rue Molière
1. Arr. – Louvre &
Les Halles (RD) ②
+33 (0)1 4261 5019

Das winzige Restaurant hat nur sechs Tische. Die minimalistische Einrichtung ist ein perfekter Rahmen für das ganz spezielle Ambiente, in dem man sich wie das Mitglied eines privilegierten Clubs fühlt. Denn hierher kommen die Kenner, um Gerichte zu probieren, die ausschließlich mit biologischen Zutaten zubereitet wurden, vom Öl bis zur Pasta. Das Produkt steht hier im Mittelpunkt, die Speisekarte ist mit Absicht schlicht gehalten, um dies widerzuspiegeln.

39 **LE CHERCHE MIDI**

22 rue du
Cherche-Midi
6. Arr. – Saint-
Germain-des-Prés &
Montparnasse (RG) ⑤
+33 (0)1 4548 2744
www.lecherchemidi.fr

Das winzige italienische Restaurant ist in der Nachbarschaft von Saint-Germain-des-Prés sehr beliebt, hier kann man häufig französische Filmstars oder die Intellektuellen vom linken Seineufer erspähen. Mortadella mit Trüffel, Parmaschinken, Büffelmozzarella: Die Besitzer bieten eine persönliche Auswahl aus dem Allerbesten, das Italien zu bieten hat.

40 **EAST MAMMA**

133 rue du Faubourg
Saint-Antoine
11. Arr. – Marais &
Bastille (RD) ③
+33 (0)1 4341 3215
www.bigmamma
group.com

Das passionierte Küchenteam der schicken und authentischen Trattoria verwendet nur die allerbesten, allerköstlichsten italienischen Produkte. Traditionelle Gerichte wie Pizza, Pasta, Antipasti, Ossobuco und Tiramisu. Freundliche Bedienung. Keine Reservierung möglich, schauen Sie am besten (zeitig) vorbei, um mit etwas Glück sofort einen Platz zu ergattern oder sich auf die Warteliste setzen zu lassen.

5 hervorragende
ASIATISCHE
Restaurants

---

41 YAM'TCHA

121 rue Saint-Honoré
1. Arr. – Louvre & Les
Halles (RD) ②
+33 (0)1 4026 0807
www.yamtcha.com

Die Sterneköchin Adeline Grattard ist von der chinesischen Küche inspiriert und pflegt gleichzeitig ihr französisches Erbe. Auf diese Weise gelingt ihr die überraschendste, delikateste und duftigste Fusionsküche. Die Menüs, in denen sie die einzelnen Gänge mit verschiedenen Tees paart, sind ein ungewöhnliches Geschmackserlebnis – die Raffinesse dieser Kombinationen wird weithin gelobt.

42 AU COIN DES GOURMETS

5 rue Dante
5. Arr. – Quartier
Latin (RG) ⑦
+33 (0)1 4326 1292
coindesgourmets
rivegauche.fr

Dieses unprätentiöse, schlichte Indochina-Restaurant liegt nur einen kurzen Spaziergang von Notre-Dame entfernt. Auf den ersten Blick ist es gar nichts Besonderes und doch werden hier köstliche traditionelle Gerichte serviert. Auf der Karte stehen *nems* oder *bobun* wie auch einige Spezialitäten, von denen der liebenswürdige Kellner geradezu poetisch schwärmt. Wenn Sie ein Fan von echter asiatischer Küche sind, dann werden Sie diesen Ort lieben.

43 THAÏ ROYAL

97 avenue d'Ivry
13. Arr.
+33 (0)1 4424 2211

Im *Quartier chinois* ist es ganz schön schwierig aus dem großen Angebot ein gutes Restaurant auszuwählen. Das Thaï Royal ist eine gute Wahl, die traditionellen und einfallsreichen Speisen sind immer wunderbar angerichtet. Zu den Spezialitäten des Lokals gehört das *Gourmandise de Khun Maé*, das Sie unbedingt probierten sollten. Die kleinen mundgerechten Päckchen sind mit einem Mix aus gegrillter Kokosnuss, Garnelen, Ingwer und Limette gefüllt. Ein Fest für die Geschmacksknospen!

44 LE PARIS HANOI

74 rue de Charonne
11. Arr. – Marais & Bastille (RD) ③
+33 (0)1 4700 4759
www.parishanoi.fr

Das vor 20 Jahren von den vietnamesischen Brüdern Mido, Jean Phi und Hando gegründete Nachbarschaftslokal Le Paris Hanoi ist ein Familienbetrieb und heute so erfolgreich, dass zu Stoßzeiten immer eine Schlange vor der Tür steht – selbst bei Regen! Die Karte bietet viele schmackhafte, zart duftende, traditionelle vietnamesische Gerichte wie Pho und Hühnchen mit Zitronengras.

45 STREET BANGKOK

112 rue Saint-Denis
2. Arr. – Louvre & Les Halles (RD) ②
+33 (0)1 4236 6092
streetbangkok.fr

Eine solche Rotisserie mit gebratenen Enten, die an Haken hängen, und einem mit Hackbeil bewaffneten Koch würde man tatsächlich eher in den Straßen Bangkoks oder Pekings erwarten. Hier genießt man gebratenes Fleisch mit delikaten Beilagen in höchst origineller Atmosphäre.

5 hervorragende
JAPANISCHE
Restaurants

---

46 **SOLA**
   **12 rue de
   l'Hôtel-Colbert
   5. Arr. – Quartier
   Latin (RG) ⑦
   +33 (0)1 4329 5904
   *www.restaurant-
   sola.com*

Der junge Koch Hiroki Yoshitake hat sehr erfolgreich eine elegante japanisch-französische Fusionsküche kreiert. Im Sola jongliert er mit Aromen und Texturen und schreibt mit seinen leichten Gerichten in umwerfender Optik ganze Kapitel der Kochkunst neu. Seine Arbeit wurde schon bald nach der Eröffnung mit einem Michelin-Stern ausgezeichnet. Ob im japanischen Speisesaal mit Steingewölbe oder dem französischen Saal mit Holzbalken – eine überwältigende kulinarische Erfahrung ist garantiert.

47 **OGATA**
   **16 rue Debelleyme
   3. Arr. – Marais &
   Bastille (RD) ③
   +33 (0)1 8097 7680
   ogata.com/paris/

Das Ogata in einem prächtigen, frisch renovierten Gebäude aus dem 17. Jahrhundert bietet ein unvergessliches Erlebnis mit dem Besten, was man in Japan findet. Besuchen Sie Geschäft, Teesalon und Restaurant, wo man traditionelle japanische Hausmannskost zeitgemäß interpretiert.

50 **KUNITORAYA 1**

48 HAIKARA

**82 rue de la
Folie Méricourt
11. Arr. – Belleville &
Umgebung (rd) ⑨
+33 (0)9 8045 8993
haikarafood.com**

Ein schlichtes Ambiente für höchst perfekte Gerichte! Zu Mittag serviert man *Donburi*, riesige Schalen mit Reis, bedeckt mit Fleisch, Fisch und auch vegetarischen Komponenten. Am Abend verwandelt sich das Haikara in ein Kneipenrestaurant *(Izakaya)*, wo man sich zu Bier und Cocktails köstliche kleine Gerichte auf Gemeinschaftsplatten teilt.

49 KODAWARI RAMEN

**29 rue Mazarine
6. Arr. – Saint-
Germain-des-Prés &
Montparnasse (rg) ⑤
+33 (0)9 7091 1241
www.kodawari-
ramen.com**

In diesem Restaurant im Viertel Saint-Germain-des-Prés fühlt man sich wie in ein echtes Tokioter *yokocho* versetzt. Besonders empfehlenswert: *Ramen*-Gerichte, für die nur beste Zutaten verwendet werden. Der Weizen für die Herstellung der Nudeln wird von den Restaurantbetreibern selbst angebaut, der Schweinebauch stammt von einem kleinen baskischen Züchter. Geschmacksverstärker? Fehlanzeige.

50 KUNITORAYA 1

**5 rue Villédo
10. Arr. – Louvre &
Les Halles (rd) ②
+33 (0)1 4703 0774
kunitoraya.com**

Das wohl beliebteste Restaurant unter den vielen Japanern der Umgebung. Setzen Sie sich zu den anderen Stammgästen an den langen Gemeinschaftstisch, um die hervorragenden *Udon*-Nudeln zu genießen. Das freundliche Personal empfiehlt Tempura-Udon mit knusprigen Garnelen für Neulinge, Kunitora-Udon für Erfahrenere.

Die 5 besten
SANDWICHLÄDEN

---

51 **CUL DE COCHON**
98 rue Montorgueil
2. Arr. – Louvre &
Les Halles (RD) ②
+33 (0)1 4236 2899
culdecochon.com

Wenn Sie auf der geschäftigen Rue Montorgueil unterwegs sind, halten Sie nach dem Cul de Cochon Ausschau. Spezialität sind traditionelle Sandwiches, wie das leckere *jambon-beurre*, das aus typisch französischen Zutaten zusammengestellt wird. Ein knuspriges halbes Baguette mit köstlicher *demi-sel* gesalzener Butter und Knochenschinken. Der perfekte Snack für zwischendurch, bevor Sie sich aufmachen, auch den Rest dieses Viertels zu erkunden.

52 **LE PETIT VENDÔME**
8 rue des Capucines
2. Arr. – Arc de
Triomphe, Champs-
Élysées & Grands
Boulevards (RD) ①
+33 (0)1 4261 0588

In der eleganten Nachbarschaft fällt dieses Lokal etwas aus dem Rahmen. Zur Mittagszeit stehen die Leute Schlange an der Theke dieses typischen, geselligen Bistros, das für seine *casse-croute auvergnat* bekannt ist. Diese Sandwiches aus Baguette werden ganz frisch zubereitet. Sie können aus einem breiten Angebot an Beilagen wie Salami oder Rillette auswählen – aber nehmen Sie den Beinschinken, wenn Sie ein richtig leckeres Sandwich haben möchten …

53 CHEZ ALINE

53 **CHEZ ALINE**
85 rue de la Roquette
11. Arr. – Marais &
Bastille (RD) ③
+33 (0)1 4371 9075

Die Eigentümerin Delphine Zampetti hat fast alle Ausstattungselemente der ehemaligen Pferdemetzgerei aus den Fünfzigern erhalten, inklusive der gelben Kacheln. Das sehr treffend benannte Schinkensandwich *jambon Prince de Paris* können Sie vor Ort essen oder mitnehmen. Dieses Riesensandwich, nach allen Regeln der Kunst aus erstklassigen Zutaten zusammengestellt, bewahrt eine große französische Essenstradition.

54 **CARACTÈRE DE COCHON**
42 rue Charlot
3. Arr. – Marais &
Bastille (RD) ③
+33 (0)1 4274 7945

An diese nette *cave à jambon* im Herzen des Marais sollten Sie sich erinnern, wenn Sie auf die Schnelle Ihren Hunger stillen möchten. Wählen Sie die Wurst für Ihr Sandwich sorgfältig aus: gepökelt, geräuchert, gekocht, mit Bergamotte … und die Butter nicht vergessen: gesalzen oder ungesalzen.

55 **LA POINTE DU GROUIN**
8 rue de Belzunce
10. Arr. – Montmartre (RD) ⑧
+33 (0)1 5878 2880

Das Lokal ist nur einen kurzen Fußmarsch vom Gare du Nord entfernt – ein perfekter Stopp, bevor Sie in den Zug hüpfen. Hier werden köstliche Sandwiches hergestellt, das Baguette und die Wurstwaren, darunter ein ganz ausgezeichneter Schinken, sind hausgemacht. Bitte beachten: Hier werden keine Euros angenommen, sondern nur die lokale Währung *grouin* (können im Lokal getauscht werden). Ein originelles Konzept und ein gutes Thema, um ins Gespräch zu kommen.

5 außergewöhnliche
PATISSERIEN

---

56 **CYRIL LIGNAC**
2 rue de Chaillot
16. Arr. – Arc de Triomphe, Champs-Élysées & Grands Boulevards (RD) ①
+33 (0)1 4720 6451
cyrillignac.com

Cyril Lignac hat sich mit dem jungen Konditor Benoit Couvrand zusammengetan, um diesen Süßwarentempel zu eröffnen. Die beiden haben ihr tägliches Angebot eingeschränkt und verkaufen nie mehr als zehn verschiedene Törtchen, denn die Zutaten werden sehr sorgfältig ausgesucht und das Obst ist saisonal. So werden Sie hier nie einen Erdbeerkuchen in den Wintermonaten finden. Einige traditionelle Gebäckstücke werden neu interpretiert und verdienen eine besondere Erwähnung: *baba au rhum* mit Vanilleschlagsahne oder der wundervoll geschichtete Zitronenkuchen.

57 **TAPISSERIE**
65 rue de Charonne
11. Arr. – Marais & Bastille (RD) ③
+33 (0)1 5528 7943
www.tapisserie-patisserie.fr

Die Handwerksbäckerei bietet saisonale Torten und Gebäck, die im Haus ausschließlich aus organisch produzierten regionalen Zutaten hergestellt werden. Eine bewusst begrenzte, delikate Auswahl. Morgens schaut man auf eine Tasse Kaffee mit Gebäck vorbei. Die Konditorei wurde von den Betreibern des populären Restaurants Septime in derselben Straße eröffnet.

58 LA PÂTISSERIE DES MARTYRS

**22 rue des Martyrs
9. Arr. – Montmartre (RD) ⑧
+33 (0)1 7118 2470
*sebastiengaudard.fr***

Nachdem Patissier Sébastien Gaudard sich seinen exzellenten Ruf unter anderem bei Fauchon erarbeitet hat, hat er die Leitung in einer der ältesten Bäckereien von Paris übernommen. Maison Seurre wurde in La Pâtisserie des Martyrs umbenannt. In diesem reizenden Geschäft werden alle Arten von köstlichem Backwerk wie *Puits d'amour*, *Monts-Blancs* und *Paris-Brest* sowie altmodische Bonbons und Eiscreme verkauft. Dieser virtuose Reigen an Süßem ist inspiriert von dem Wunsch, altes Wissen zu bewahren und altmodische Aromen wieder ins Rampenlicht zu rücken.

59 PLAQ

**4 rue du Nil
2. Arr. – Louvre & Les Halles (RD) ②
+33 (0)1 4039 0954
*plaqchocolat.com***

In der hübschen Rue du Nil liegt der hervorragende Bean-to-Bar-Schokoladenladen, der »von der Bohne bis zur Tafel« alles selbst verarbeitet. Liebhaber freuen sich nicht nur über delikate Schokoriegel, sondern auch über viele andere Leckereien auf Schokoladenbasis, die man hier serviert. Kekse, Kuchen, Brioches und Eis: Hier ist einfach alles lecker!

60 BONTEMPS

**57 rue de Bretagne
3. Arr. – Marais & Bastille (RD) ③
+33 (0)1 4274 1068**

Wenn Sie Obstkuchen, Biskuit und überhaupt Kuchen mögen, dann schauen Sie in dieser netten Patisserie vorbei. Die Kuchen sind lecker und hübsch und werden aus allerbesten Zutaten gemacht: Pistazien aus dem Iran, Bourbonvanille, Vanille aus Madagaskar und Haselnüsse aus dem Piemont.

Die 5 schönsten MÄRKTE

---

61 **MARCHÉ D'ALIGRE**
Place d'Aligre
12. Arr. – Marais &
Bastille (RD) ③

Dieser Markt ist einer der vielfältigsten der Hauptstadt, voller Marktstände mit Bioprodukten, exotischen Früchten, italienischen und portugiesischen Erzeugnissen und sogar ein paar Secondhandsachen. Vergessen Sie nicht, in die Graineerie du marché reinzuschauen, einem winzigen malerischen Laden. Die Feinkostläden, Metzger und Käsestände sind im überdachten Markt zu finden. Das Publikum ist ein netter Mix aus Hipstern und Arbeitern. Montag geschlossen.

62 **MARCHÉ CONVENTION**
Rue de la Convention
(zwischen den rues
Alain Chartier und
l'Abbé Groult)
15. Arr. – Invalides &
Eiffelturm (RG) ④

Dieser große Markt nimmt die ganze Straße ein. Gemüsehändler, Metzger, Fischhändler und Käsehändler – sie sind alle hier. Die Auslagen sind schön arrangiert und die Atmosphäre freundlich. Nicht nur Familien besuchen gerne diesen Markt, der dreimal pro Woche stattfindet, sondern auch die lokalen Restaurantbesitzer, weil einige der Standinhaber seltenes Gemüse und Spezialitäten verkaufen. Geöffnet am Dienstag, Donnerstag und Sonntag.

63 **MARCHÉ BIOLOGIQUE DES BATIGNOLLES**
27–48 boulevard des Batignolles
17. Arr. – Montmartre (RD) ⑧

Fans von Biolebensmitteln gehen am Samstagvormittag auf diesen Markt. Es gibt ungefähr fünfzig Standbesitzer, die meisten bauen ihre Produkte selbst an. Die Kunden lieben den persönlichen Kontakt, tauschen Rezepte und Kochtipps aus. Dieser Biomarkt ist netter als der am Boulevard Raspail, der andere Markt für Biolebensmittel am linken Seineufer.

64 **MARCHÉ DES ENFANTS ROUGES**
9 rue de Beauce
3. Arr. – Marais & Bastille (RD) ③

Der kleine Markt, einer der ältesten in Paris, ist in einer Holzhalle untergebracht. Obwohl er nicht die erste Wahl für den Gemüse- oder Obstkauf ist, ist es definitiv ein Ort zum Mittagessen. Die um den Platz gelegenen winzigen Restaurants und Feinkostläden sind sehr beliebt, besonders das japanische Restaurant Taeko und das l'Estaminet des Enfants Rouges. Montags geschlossen.

65 **MARCHÉ DU PRÉSIDENT WILSON**
Avenue du Président Wilson (zwischen rue Debrousse und place d'Iéna)
16. Arr. – Arc de Triomphe, Champs-Élysées & Grands Boulevards (RD) ①

Das ist der schickste Markt von Paris, man hat sogar einen Blick auf den Eiffelturm! Japanische Touristen, die vom französischen Essen fasziniert sind, treffen hier inmitten der schönen Stände auf die Einheimischen. Der Markt liegt zwischen Musée d'art moderne und Musée Galliera – ideal für einen Zwischenstopp und um sich zu verwöhnen.

Die 5 allerbesten
BÄCKEREIEN

---

66 **DU PAIN ET
DES IDÉES**
**7 rue Yves Toudic
10. Arr. – Belleville &
Umgebung (RD)** ⑨
+33 (0)1 4240 4452
*www.dupain
etdesidees.com*

Die 1870 eröffnete Bäckerei hat sich mit den Buntglasscheiben und gewölbten Spiegeln ihren Charme erhalten. Christophe Vasseur eröffnete das inzwischen sehr populäre Du pain et des Idées und rettete so die Bäckerei. Leute kommen aus ganz Paris für die berühmten *pain des amis*, die *mouna brioche* oder *la tendresse aux pommes* hierher – authentische Erzeugnisse, die in klassischer, französischer Tradition hergestellt werden. Das einzige Minus: Die Bäckerei ist am Wochenende zu.

67 **BLÉ SUCRÉ**
**7 rue Antoine Vollon
12. Arr. – Marais &
Bastille (RD)** ③
+33 (0)1 4340 7773

Die besten Baguettes findet man oft in Bäckereien in der Nachbarschaft wie Blé Sucré, eine kleine Bäckerei und Konditorei von Fabrice Le Bourdat, der auch im Hôtel Bristol gearbeitet hat. Das gedrehte Baguette ist einfach köstlich, aber die Croissants und das hinreißende Gebäck sind genauso einen Umweg wert. Vor dem Laden stehen ein paar Tische mit Blick auf den Square Trousseau. Der perfekte Ort für ein schnelles Frühstück!

70 **BORIS LUMÉ**

68 POILÂNE

8 rue du Cherche-Midi
6. Arr. – Saint-Germain-des-Prés & Montparnasse (RG) ⑤
+33 (0)1 4548 4259
www.poilane.com

Seit der Eröffnung im Jahr 1932 hat sich in dieser Bäckerei nicht viel geändert. Die Brote werden immer noch mit der Hand geformt und im Holzofen gebacken. Poilânes ist vor allem für sein Brot bekannt, aber die punitions, kleine, knusprige Butterkekse, sind der zweite Verkaufsschlager der Bäckerei. Diese perfekt runden Kekse mit ihrem gezackten Rand sind schlicht einmalig. Die charmante Hauptbäckerei in Saint-Germain-des-Prés bildet das perfekte Ambiente für ein echtes Geschmackserlebnis.

69 SAIN

13 rue Marie et Louise
10. Arr. – Belleville & Umgebung (RD) ⑨
+33 (0)7 6123 4944
sain-boulangerie.com

Die Biobäckerei bietet auch Gebäck und Kuchen, doch sind es die ausgezeichneten handgekneteten Brotlaibe aus natürlicher Hefe und alten Körnersorten, die eine große Fangemeinde anziehen. Probieren Sie das Saint-Martin-Brot: nach Honig duftend, schmackhaft und leicht verdaulich.

70 BORIS LUMÉ

48 rue Caulaincourt
18. Arr. – Montmartre (RD) ⑧
+33 (0)1 4606 9671

Die Bäckerei steht unter Denkmalschutz und gehört einem jungen französisch-asiatischen Paar. Ein Pflichtstopp, wenn man im Montmartre ist! Ihre Postkartenkulisse verkörpert ein Paris, das jeder kennt, doch gleichzeitig ist die Bäckerei für ihre besondere Qualität bekannt. Alle lieben das traditionelle Baguette, aber die pain au chocolat und brioche mit Mandelmehl sind genauso lecker.

5 außergewöhnliche
CHOCOLATERIEN

---

71 **À LA MÈRE DE FAMILLE**
35 rue du Faubourg Montmartre
9. Arr. – Montmartre (RD) ⑧
+33 (0)1 4770 8369
**www.lamere
defamille.com**

À la Mère de Famille wurde 1761 gegründet und ist das älteste Schokoladengeschäft in Paris. Der historische Laden in der Faubourg Montmartre ist eine Institution und ein Meilenstein für den Connaisseur. Der Laden verkauft *guimauve* (Marshmallows) und altmodische Bonbons sowie eine Auswahl hervorragender Pralinen. Besonders toll an Ostern, dann gibt es fantastische Schokoeier, Schokohühner und andere leckere Kreationen.

72 **AU CHAT BLEU**
85 boulevard Haussmann
8. Arr. – Arc de Triomphe, Champs-Élysées & Grands Boulevards (RD) ①
+33 (0)1 4265 3318

Das Ladengeschäft dieses 1912 gegründeten Chocolatiers spiegelt noch den Charme der guten alten Zeit. Hier erhalten Sie eine große Auswahl an süßen Leckereien, wie Schokoladentrüffel, Karamell und Marzipan. Es ist jedoch vor allem bekannt für seine einfach unwiderstehlichen *mini chats bleus* – schokoladenüberzogene Pralinen mit Nougatfüllung (und blauer Katze!).

73 L'INSTANT CACAO

**3 rue des
Petits Champs
1. Arr. – Louvre &
Les Halles (RD) ②
+33 (0)9 8136 2278
linstantcacao.fr**

Im zarten Alter von 26 Jahren eröffnete Marc Chinchole sein Schokoladengeschäft wenige Gehminuten vom Park des Palais Royal entfernt. Seine sortenreinen Riegel, Bonbons und Pralinen entstehen aus selbst gerösteten Kakaobohnen. Das umfangreiche, hervorragende Angebot macht die Auswahl wirklich schwer. Man erhält sogar Schokoriegel ohne Verwendung von Milchprodukten.

74 LA MANUFACTURE DE CHOCOLAT

**40 rue de la Roquette
11. Arr. – Marais &
Bastille (RD) ③
+33 (0)1 4805 8286
www.lechocolat-
alainducasse.com**

Schon auf der Straße kann man die Schokolade riechen. Die Schokoladenmanufaktur des berühmten französischen Kochs Alain Ducasse liegt in einer renovierten Fabrik. Der gläserne Schauraum enthüllt alle Geheimnisse und Techniken des komplexen und aufregenden Prozesses der Schokoladenherstellung. Die Produkte sind entzückend verpackt und wie kleine Kunstwerke ausgestellt.

75 DAMYEL

**87 Avenue
de Wagram
17. Arr. – Arc de
Triomphe, Champs-
Élysées & Grands
Boulevards (RD) ①
+33 (0)1 4054 8407
damyel.com**

Diese makellose Schokoladen-»Galerie« mit ihrer minimalistischen Ästhetik kombiniert elegante und warme Materialien, um die Schokolade hervorzuheben, die hier wie ein Kunstwerk inszeniert wird. Sämtliche Schokoladenprodukte, die man bei Damyel herstellt, sind 100 % vegan und haben einen niedrigen Zuckergehalt.

5 ausgezeichnete
LEBENSMITTEL-GESCHÄFTE

---

76 G. DETOU
58 rue Tiquetonne
2. Arr. – Louvre &
Les Halles (RD) ②
+33 (0)1 4236 5467

Der zeitlose Laden mit dem sprechenden Namen ist bei Amateur- und Profibäckern sehr beliebt. Hier finden Sie alle Zutaten, die Sie zum Kuchenbacken brauchen – auch seltenes wie Chocolate Chips, Blattgold, Krokant oder natürliche Aromen. Dieser Ort ist eine Institution!

77 CAUSSES
222 rue Saint-Martin
3. Arr. – Marais &
Bastille (RD) ③
+33 (0)1 4271 3333
www.causses.org

Dieser Pariser Slow-Food-Tempel bezieht seine Qualitätsprodukte von unabhängigen Produzenten und Marken, die respektvoll mit Lebensmitteln umgehen. Die Épicerie, die man besonders wegen ihrer hervorragenden Auswahl an Käsesorten, Schinken und Wurstwaren, traditionellen und seltenen Gemüsesorten, herausragendem Olivenöl und anderen Spezialitäten rühmt, bietet alles, was man für einen köstlichen, raffinierten Aperitif benötigt.

78 IZRAËL

30 rue François Miron
4. Arr. – Marais & Bastille (RD) ③
+33 (0)1 4272 6623

Izrael ist der Favorit der Feinschmecker und aller, die von der Schaufensterdekoration in diese Schatzhöhle gelockt werden. Kandierte Früchte, eine Vielzahl von Gewürzen und Spezialitäten aus Nordafrika, Israel und China – so verlockend, dass man nicht genug bekommt! Hier finden Sie Pistazien aus dem Iran, Tonkabohnen oder seltene Senfsorten. Ein Besuch ist wie eine Reise um die Welt.

79 RAP

4 rue Flechier
9. Arr. – Montmartre (RD) ⑧
+33 (0)1 4280 0991
www.rapparis.fr

In den vielen italienischen Lebensmittelläden in Paris ist die Authentizität der Produkte nicht immer verlässlich. Bei RAP können Sie beim Einkauf sicher sein, dass sie Käse, Olivenöl und Tomatensaucen direkt von kleinen italienischen Produzenten beziehen. Die Besitzerin Alessandra Pierini organisiert regelmäßig Kochkurse und Weinproben.

80 MERSEA BEAUPASSAGE

53–57 rue de Grenelle
7. Arr. – Saint-Germain-des-Prés & Montparnasse (RG) ⑤
www.merseaparis.com

In dieser Passage im Herzen des schicken 7. Arrondissements gibt es die besten Erzeugnisse der französischen Küche: Zwischen 7 und 23 Uhr erhalten Sie hier leckeres Frühstück, Mittag- oder Abendessen. Man kann hier auch toll einkaufen: Bäckereien, Cafés, Lebensmittelgeschäfte und Restaurants werden von bekannten Küchenchefs wie Thierry Marx, Pierre Hermé und Anne-Sophie Pic betrieben.

5
SPEZIALITÄTENLÄDEN,
ohne die man nicht leben kann

---

81 **LE BONBON AU PALAIS**
19 rue Monge
5. Arr. – Quartier Latin (RG) ⑦
+33 (0)1 7856 1572
lebonbonaupalais.comr

Georges, der passionierte Besitzer dieses ausgefallenen Ladens, lädt zu einer Reise in die eigene Kindheit ein. Er hat Süßwaren von den besten Handwerkern und Zuckerbäckern Frankreichs ausgewählt und verkauft ein Sortiment altmodischer Süßigkeiten wie *berlingots*, Fruchtgelee, *guimauves* (Marshmallows) oder Nugat.

82 **ÉPICES ROELLINGER**
51bis rue Sainte-Anne
2. Arr. – Louvre & Les Halles (RD) ②
+33 (0)1 4260 4688
www.epices-roellinger.com

Olivier Roellinger wählt Gewürze und Würzmittel aus den tollsten Gärten der Welt aus und stellt raffinierte Gewürzmischungen mit aussagekräftigen Namen zusammen, wie *poudre des alizés* für Dressings, *poudre des fées* zum Aufpeppen von Suppen oder *poudre défendue*, das Ihrem Erdbeersalat den letzten Schliff gibt.

81 **LE BONBON AU PALAIS**

83 **TANG FRÈRES**
   48 avenue d'Ivry
   13. Arr.
   +33 (0)1 4570 8000
   www.tang-freres.fr

Der größte asiatische Supermarkt der Stadt in der Avenue d'Ivry im Quartier Chinois ist der erste Laden dieser Kette, die inzwischen mehr als zehn Lebensmittelgeschäfte betreibt. Genau der richtige Ort, um Kräuter wie Chinesischen Schnittlauch, diverse Sojasaucen oder Bambusdampfkörbe für die Zubereitung von Dim Sum zu Hause einzukaufen.

84 **MMMOZZA**
   57 rue de Bretagne
   3. Arr. – Marais &
   Bastille (RD) ③
   +33 (0)1 4271 8298

Dieser winzige Deli hat sich auf Mozzarella spezialisiert, allerdings die Art Mozzarella, die mit dem Industrieprodukt gleichen Namens gar nicht zu tun hat! Laura Vestrucci kommt ursprünglich aus Florenz und möchte, dass die Pariser den Geschmack dieses berühmten italienischen Produkts wiederentdecken: *di Bufala campana*, *affumicata* oder *Burrata* …

85 **LA TÊTE DANS LES OLIVES**
   2 rue Sainte-Marthe
   10. Arr. – Belleville &
   Umgebung (RD) ⑨
   +33 (0)9 5131 3334
   cedriccasanova.com/ tete-olives-sainte- marthe-paris/

Dieser winzige Laden importiert alle seine Produkte aus Sizilien, darunter Kapern, sonnengetrocknete Feigen, Fenchelsamen und außergewöhnliche native Olivenöle aus kleinen Familienbetrieben. Der Besitzer Cédric Casanova überwacht jeden Schritt des Produktionsprozesses, von den Olivenhainen bis zu den Mühlen, und verkauft Öle, die intensiv sind, mit feinem, abwechslungsreichen Geschmack.

5 unentbehrliche
KÄSELÄDEN

86 **FROMAGERIE GRIFFON**
23bis avenue de la Motte-Picquet
7. Arr. – Invalides & Eiffelturm (RG) ④
+33 (0)1 4550 1485
fromagerie-griffon.com

Die junge Claire Griffon hat diesen eleganten und luxuriösen Käseladen eröffnet. Hier wird herausragender Käse verkauft, den Griffon von kleinen französischen Produzenten bezieht. Die Bestseller sind der gut gereifte *mimolette* und ein *comté grand cru*. Man sollte aber auch einige ihrer anderen raffinierten und schmackhaften Kreationen probieren.

87 **BARTHÉLEMY**
51 rue de Grenelle
7. Arr. – Saint-Germain-des-Prés & Montparnasse (RG) ⑤
+33 (0)1 4222 8224

Die Besitzerin – eine Legende unter den Käsehändlern – behandelt alle Käsesorten in ihrem Laden voller Liebe. Unter anderen beliefert Barthélemy auch den Élysée-Palast. Der Käse reift hier bis zur Perfektion und wir empfehlen – wie auch bei Obst und Gemüse –, die Jahreszeiten zu beachten. Ziegenkäse, Reblochon oder Camembert werden beispielsweise traditionell im Sommer gegessen.

88 ALLÉOSSE

13 rue Poncelet
17. Arr. – Arc de Triomphe, Champs-Élysées & Grands Boulevards (RD) ①
+33 (0)1 4622 5045
www.fromage-alleosse.com

Philippe Alléosse und seine Frau sind die jüngste Generation in einer langen Reihe von Käsehändlern. Ihr Käse reift nach traditioneller Methode in den eigenen Kellern mitten in Paris. Während dieses Prozesses werden Geschmack und Aromen der Weich- und Hartkäse hervorgelockt. Und obwohl ihr Beruf hart und anspruchsvoll ist, geben sie sich viel Mühe mit ihrer immer sehr dekorativen Schaufensterauslage.

89 FROMAGERIE LAURENT DUBOIS

97–99 rue Saint-Antoine
4. Arr. – Marais & Bastille (RD) ③
+33 (0)1 4887 1710
www.fromages laurentdubois.fr

Der Käsehändler – als *meilleur ouvrier de France,* bester Handwerker seines Fachs, ausgezeichnet – verkauft in seinem winzigen Laden im Saint-Paul-Viertel eine luxuriöse Auswahl an Käse und Butter. Hören Sie auf die exzellenten Vorschläge der Mitarbeiter und lassen Sie sich von den Käsen der jeweiligen Saison und anderen wundervollen Produkten aus Käse verführen.

90 FROMAGERIE QUATREHOMME

62 rue de Sèvres
7. Arr. – Invalides & Eiffelturm (RG) ④
+33 (0)1 4734 3345
www.quatrehomme.fr

Dieser Käseladen in Familienbesitz wurde 1953 eröffnet und wird derzeit von Marie Quatrehomme geführt, die für ihr herausragendes handwerkliches Können mit dem *meilleur ouvrier de France* ausgezeichnet wurde. Der Käseladen ist einer der renommiertesten der Hauptstadt und Käseliebhaber strömen für den *vacherin mont d'or* mit Trüffel und den 100 Tage gereiften Ziegenkäse hierher.

5 delikate
FEINKOSTADRESSEN

---

91 **LA CRÈMERIE**
9 rue des Quatre Vents
6. Arr. – Saint-Germain-des-Prés & Montparnassse (RG) ⑤
+33 (0)1 4354 9930

In den Regalen dieses authentischen und charmanten Feinkostladens in Saint-Germain-des-Prés stapeln sich die köstlichen Naturweine. Zum Wein wird eine Platte voll mit leckeren Wurstwaren serviert. Eine der besten in der Umgebung.

92 **TOMETTE**
23 rue de Cotte
12. Arr. – Marais & Bastille (RD) ③
+33 (0)1 5317 0991
tomette.paris

In dieser Weinbar im Marais können Sie, an ein Weinfass oder die Bar gelehnt, in geselliger, freundlicher Atmosphäre eine Auswahl an Wurstwaren genießen. Die Besitzer werden Ihnen empfehlen, welcher Wein am besten wozu passt. An Wochenenden sollte man früh kommen, die Bar wird meist recht voll.

91 LA CRÈMERIE

93 LA FELICITÀ
5 Parvis Alan Turing
13. Arr.
www.lafelicita.fr

Hier finden Sie den größten Lebensmittelmarkt der Hauptstadt. Auch Liebhaber der italienischen Küche sind in dem riesigen Restaurant in einer alten, spektakulär eingerichteten Halle genau am rechten Ort. Serviert werden Pasta-Gerichte, Pizzen, Panini und Charcuterie-Platten mit köstlichem Parmesan, begleitet von einem guten Glas italienischen Weins. Ein sehr beliebtes Restaurant mit ausgezeichnetem Preis-Leistungsverhältnis. Stellen Sie sich auf Wartezeiten ein.

94 LE VERRE VOLÉ
67 rue de Lancry
10. Arr. – Belleville & Umgebung (RD) ⑨
+33 (0)1 4803 1734
leverrevole.fr

Dieses winzige Bistro mit offener Miniküche ist bei Feinschmeckern sehr beliebt. Das saisonale Menü ändert sich täglich je nach Angebot des Marktes. Hauptattraktion jedoch ist die fantastische Weinauswahl samt Naturweinen in Regalen, die die Wände säumen. Lassen Sie sich vom Personal einen Wein empfehlen.

95 LA MAISON PLISSON
93 boulevard Beaumarchais
3. Arr. – Marais & Bastille (RD) ③
+33 (0)1 7118 1909
www.lamaison plisson.com

Auf die Schnelle ein Picknick organisieren? Da gibt es selbstverständlich nur ein Ziel: Maison Plisson, den gehobenen Gemüsehändler am rechten Seineufer. Hier finden Sie eine Auswahl der besten französischen bzw. europäischen Lebensmittel. Viele strömen an die Wursttheke für die köstliche *pâté en croute*, die geräucherte Wurst und den Schinken *Prince de Paris*.

Die 5 besten
BURGERLOKALE

---

96 **SCHWARTZ'S DELI**
7 avenue d'Eylau
16. Arr. – Invalides &
Eiffelturm (RG) ④
+33 (0)1 4704 7361
www.schwartzsdeli.fr

Yes! Hier fühlt man sich wie in New York und ist doch nur paar Schritte vom Place du Trocadéro entfernt. Es gibt hier viele Klassiker der nordamerikanischen Küche wie die leckeren Hamburger, für die das Deli berühmt ist. Ob man einen Yankee Burger oder Veggie Burger bestellt – alle sind üppig! Meist mit Warteschlange …

97 **BLEND**
1 boulevard des
Filles du Calvaire
3. Arr. – Marais &
Bastille (RD) ③
+33 (0)1 4478 2893
www.blend
hamburger.com

Im Blend werden »Gourmet Burger« serviert: selbstgemachte Brötchen, 100 % Rindfleisch, geliefert vom besten Metzger in Paris (Yves-Marie Le Bourdonnec), und hausgemachtes Ketchup. Blends Signature-Burger wird mit dem Blauschimmelkäse Bleu d'Auvergne AOP und Emmentaler aus Savoyen serviert.

98 **JOE ALLEN**
30 rue Pierre Lescot
1. Arr. – Louvre &
Les Halles (RD) ②
+33 (0)1 4236 7013

Dieser Ort ist eine Institution. Joe Allen wurde 1972 in der Nähe von Les Halles eröffnet und ist das älteste amerikanische Restaurant in Paris. Burgerfans und heimwehkranke New Yorker treffen sich in dieser typischen Burgerbude mit Fotos von Hollywoodstars an den Wänden.

99 HAND

39 rue de Richelieu
1. Arr. – Louvre &
Les Halles (RD) ②
+33 (0)1 4015 0327

Das Restaurant Hand (ein Akronym von Have A Nice Day) war eines der allerersten American Diner in Paris und ein Pionier des Trends. Hierher kommt man gerne wegen der Auswahl an Burgern, aber auch wegen des Stimmung. Die freundlichen Kellner tragen zur fröhlichen Atmosphäre bei.

100 PNY

120 rue du Faubourg
St-Antoine
12. Arr. – Marais &
Bastille (RD) ③
+33 (0)1 4247 0659

Das von dem belgischen Architekten Bernard Dubois entworfene PNY in Faubourg Saint-Antoine gilt als das schickste Burger-Restaurant der Stadt. Dort serviert man exquisite Burger aus frisch gehacktem Steakfleisch und Brötchen, die jeden Morgen frisch gebacken werden.

97 BLEND

5 Orte für ein tolles
FRÜHSTÜCK

---

101 **LE MOULIN DE LA VIERGE**
10 place des Petits Pères
2. Arr. – Louvre & Les Halles (RD) ②
+33 (0)1 4260 0278

Seit 1974 versucht Basile Kamir den authentischen Charakter seiner Pariser Bäckereien zu erhalten. Diese Filiale ist in ein denkmalgeschütztes Gebäude am ruhigen Place des Petits Pères eingezogen. Neben der hinreißenden Bäckerei/Konditorei gibt es ein winziges Café. Ein paar Tische stehen draußen, hier kann man ein traditionelles Frühstück mit Blick auf Notre Dame des Victoires genießen.

102 **HÔTEL PROVIDENCE**
90 rue René Boulanger
10. Arr. – Belleville & Umgebung (RD) ⑨
+33 (0)1 4634 3404
hotelprovidence paris.com

Dieses originelle, winzige Boutique-Hotel im Retrostil liegt in einer Gegend, die sich gerade zum Trendviertel entwickelt, und serviert ein typisches Pariser Frühstück mit *tartines*, *pains au chocolat*, *croissants* und *financiers*. Das Hotel der Wahl, wenn man ein Gefühl für die Stadt bekommen möchte, sei es im stylischen Inneren mit dem offenen Kamin und der Blumentapete (ganz kitschfrei!) oder an den Tischen draußen.

103 **FRAGMENTS**
76 rue des Tournelles
3. Arr. – Marais &
Bastille (RD) ③

Dieses Frühstückscafé in einer unauffälligen, ruhigen Straße im Marais wird alle Frühaufsteher glücklich machen, die morgens um 6 Uhr schon am Verhungern sind. Fragments serviert den ganzen Vormittag gutes und reichhaltiges Essen, wie z. B. hausgemachtes Müsli, Kuchen, Tartes, Sandwiches oder Rühreier, alles mit gutem Kaffee und einem charmanten Lächeln.

104 **CAFÉ BERRY**
10 rue Chapon
3. Arr. – Marais &
Bastille (RD) ③
+33 (0)6 4755 1132
cafeberryparis.com

Besuchen Sie diese charmante Café-Kantine zum Frühstück, bevor Sie zu einem Spaziergang durchs Marais aufbrechen. Das gemütliche, hübsch eingerichtete Lokal serviert neben gutem Kaffee leckeres hausgemachtes Backwerk, wie Bananenbrot, Kekse oder Scones, aber auch herzhafte Gerichte.

105 **CLAUS**
14 rue Jean-Jacques Rousseau
1. Arr. – Louvre &
Les Halles (RD) ②
+33 (0)1 4233 5510
www.clausparis.com

Wenn Sie ein ausgewogenes und gleichzeitig leckeres Frühstück mögen, dann gehen Sie am besten zu Claus. Hier, in einem hellen und gemütlichen Ambiente, werden nur Bioprodukte serviert, die der Besitzer selbst ausgesucht hat, sowie die Spezialitäten des Hauses. Eine leichtere Alternative zum traditionellen Pariser Frühstück mit Croissants und Toast mit Butter.

5
KOCHKURSE
zum Reinschnuppern

---

106 LE CORDON BLEU
13 quai André Citroën
15. Arr. – Invalides & Eiffelturm (RG) ④
+33 (0)1 8565 1500
cordonbleu.edu/paris

Diese weltberühmte Schule bietet Kochkurse für Amateure an. Der *Le marché de Paris*-Kurs ist besonders erfolgreich. Sie besuchen den Markt gemeinsam mit einem Koch und er bringt Ihnen bei, wie man die besten Lebensmittel auswählt. Nach dem Einkaufen gibt es einen Snack und eine Vorführung, in der der Koch Ihnen zeigt, wie man ein saisonales Menü zubereitet (Kurse in Englisch).

107 ATELIER GUY MARTIN
35–37 rue Miromesnil
8. Arr. – Arc de Triomphe, Champs-Élysées & Grands Boulevards (RD) ①
+33 (0)1 4266 3333

Die Kochschule des Sternekochs des berühmten Restaurants Le Grand Véfour bietet beispielsweise für die Mittagszeit den *Cours sur le pouce* an, vielleicht einer der besten Kochkurse, die in Paris angeboten werden. In einer halben Stunde und für nur 19 Euro lernt man ein Rezept der Saison, das man leicht zu Hause nachkochen kann. Nach dem Kochen wird in der Küche oder in einem kleinen Innenhof das Essen mit den anderen Kursteilnehmern verkostet.

108 PAROLE IN CUCINA
**5 impasse du Curé
18. Arr. – Belleville & Umgebung** (RD) ⑨
+33 (0)1 5579 1913
paroleincucina.com

Die Sizilianerin Alba Pezone ist ihr Heimweh losgeworden, indem sie vor zehn Jahren in einer schön renovierten Druckerei eine italienische Kochschule eröffnet hat. Die Kurse zu den Spezialitäten großer Städte wie Florenz und Palermo sind einfach köstlich und die Kurse über Pizza oder frische Pasta fast unverzichtbar, um die Grundlagen der italienischen Küche kennenzulernen.

109 RITZ ESCOFFIER
**15 place Vendôme
1. Arr. – Arc de Triomphe, Champs-Elysées & Grands Boulevards** (RD) ①
+33 (0)1 4316 3050
www.ritzescoffier.com

Wenn man sich das Zimmer im Ritz nicht leisten kann – warum sich nicht stattdessen eine unvergessliche Erfahrung in der Küche gönnen? Das Ritz ermöglicht Amateuren und jungen Köchen, alles über die klassischen Gerichte der französischen Küche zu lernen. Die Kurse sind auf Französisch und werden simultan ins Englische übersetzt.

110 KOCHSCHULE ALAIN DUCASSE
**64 rue du Ranelagh
16. Arr.**
+33 (0)1 4490 9100
www.ecolecuisine-alainducasse.com

Der berühmte Koch Alain Ducasse bietet so viele verschiedene Kurse in seiner Kochschule an, dass jeder das Passende findet – egal wie (un)erfahren man ist oder welches Ziel man hat. Wollen Sie das perfekte Bistrogericht zubereiten oder eine bestimmte Technik meistern, gesund kochen oder zum perfekten *pâtissier* werden? Das Team von Alain Ducasse, ausgebildet in seinen Restaurants, wird weiterhelfen. Einige der Kurse sind auf Englisch.

5 inspirierende
TEESALONS

---

111 SÉBASTIEN GAUDARD
1 rue des Pyramides
1. Arr. – Arc de Triomphe, Champs-Elysées & Grands Boulevards (RD) ①
+33 (0)1 7118 2470
www.sebastien gaudard.com

Der hübsche Teesalon des Konditors Sébastien Gaudard liegt in den Arkaden, die gegenüber der Tuilerien die Straße säumen. Wie kann man dieser Dessertauswahl, darunter die klassischen *puits d'amour*, *Monts-Blancs* oder *Paris-Brest*, nur widerstehen? Und schon die wundervollen Tees – vom Eigentümer selbst ausgewählt – lohnen den Besuch.

112 LA GRANDE MOSQUÉE DE PARIS
39 rue Geoffroy-Saint-Hilaire
5. Arr. – Quartier Latin (RG) ⑦
+33 (0)1 4331 3820
www.la-mosquee.com

Haben Sie Lust auf Minztee, orientalisches Gebäck und eine kleine Auszeit? Dann setzen Sie sich in den Hof dieser beeindruckenden Moschee im maurischen Stil aus den 1920er-Jahren. Vielleicht erinnert Sie der Bau mit den blauen Moasaiksteinen, dem Brunnen und den Pflanzen an ein marokkanisches Riad. Die Pariser kommen gerne hierher, besonders an sonnigen Tagen – deshalb ist es besser, außerhalb der Spitzenzeiten zu kommen, beispielsweise am Morgen.

113 LILY OF THE VALLEY

12 rue Dupetit-Thouars
3. Arr. – Marais & Bastille (RD) ③
+33 (0)1 5740 8280
lilyofthevalleyparis.com

Der winzige Salon im Maraisviertel ist perfekt, um sich am Nachmittag mit Freundinnen auf einen Tee zu treffen. Von der mit Blumen und Blättern übersäten Decke über die recycelten Stoffe von alten Sofas bis hin zum englischen Afternoon Tea: alles hier ist schnuckelig und feminin.

114 YAM'TCHA BOUTIQUE

4 rue Sauval
1. Arr. – Louvre & Les Halles (RD) ②
+33 (0)1 4026 0606
boutique.yamtcha.com

Die mit einem Michelin-Stern ausgezeichnete Adeline Grattard und ihr Ehemann, Tee-Experte Chi Wah Chan, betreiben diesen hübschen Teesalon. Man wartet an der Theke aus natürlichem Walnussholz auf die stilvolle Zubereitung eines Oolong- oder Pu-Erh-Tees, während man ein *Bao Bun* genießt. Besonders zu empfehlen: das Stilton-Amarena-Bao, die Spezialität der Küchenchefin.

115 MUSÉE DE LA VIE ROMANTIQUE

16 rue Chaptal
9. Arr. – Montmartre (RD) ⑧
+33 (0)1 5531 9567
museevieromantique.paris.fr/fr

Am Ende der gepflasterten Gasse, die zu diesem winzigen Museum führt, wird Ihnen ein hübsches Haus mit grünen Fensterläden auffallen. Die ländliche Umgebung und die Ruhe, die dieser Ort ausstrahlt, sind eine schöne Überraschung. Neben dem Haus steht am Ende eines schattigen Innenhofes voller Blumen ein Gewächshaus mit Gartenmöbeln. Es fühlt sich an, als ob man nicht mehr in der Stadt wäre. Das *buvette* ist ein bezaubernder Ort für eine Teepause.

Die 5 besten
SPEZIALITÄTEN-RESTAURANTS

---

116 **BALLS**

47 rue Saint-Maur
11. Arr. – Belleville &
Umgebung (RD) ⑨
+33 (0)9 5138 7489
ballsrestaurant.com

Wie der Name schon sagt: Hier gibt es nur Fleischbällchen. Dieses für Paris neue Konzept ist eine Idee von Salomé und Jérémie. Die kleinen Kugeln, die man auf Tellern von Skandinavien bis Nordafrika – mit Fleisch oder vegetarisch – findet, werden mit Soße und einer Beilage Ihrer Wahl auf einem Emailteller serviert.

117 **GROS BAO**

72 quai de Jemmapes
1. Arr. – Belleville &
Umgebung (RD) ⑨
+33 (0)1 7375 1626
baofamily.co/grosbao

Die riesige chinesische Kantine, von Jungunternehmerin Céline Chung originell modernisiert, serviert köstliche *Bao Buns*. Auf der Karte stehen neben diesen gefüllten, gedämpften Teigtaschen auch andere Gerichte, wie glasierte Ente (für mehrere Personen) oder saftige Hong-Shao-Auberginen. Und die Aussicht vom ersten Stock auf den Canal Saint-Martin ist wirklich unvergleichlich.

118 LE GYOZA BAR
56 passage des Panoramas
2. Arr. – Louvre & Les Halles (RD) ②
+33 (0)1 4482 0062

An der Theke können Sie dem Koch zuschauen, wie er *gyoza* zubereitet, die kultigen, gedämpften japanischen Ravioli. Dieses originelle Essen ist ideal für den kleinen Hunger oder bei knapper Kasse. Serviert werden 8 oder 12 Stück mit Reis oder eingelegtem Tofu.

119 AUX MERVEILLEUX DE FRED
2 rue Monge
5. Arr. – Quartier Latin (RG) ⑦
+33 (0)1 4354 6372
auxmerveilleux.com

Die einfachsten Ideen sind oft die besten. So wie die *merveilleux*, die köstlichen Meringues mit Schlagsahne, die in Nordfrankreich und Flandern ein traditionelles Grundnahrungsmittel sind. Chefkoch Frédéric Vaucamps verkauft seine Version dieses Gebäcks in sechs von ihm entwickelten Geschmacksrichtungen in drei Größen (Mini, Individuel oder als Torte zum Teilen).

120 L'ÉCLAIR DE GÉNIE
14 rue Pavée
4. Arr. – Marais & Bastille (RD) ③
+33 (0)1 4277 8511
www.leclairdegenieshop.com

Diese Bäckerei hat sich auf Éclairs spezialisiert, verkauft wird eine unendliche Auswahl dieses Bestsellers. Christophe Adam kombiniert verschiedene Geschmacksrichtungen und Formen mit zarten oder intensiven Aromen. Wählen Sie aus den traditionellen Éclairs mit *grand cru*-Schokolade oder Éclairs der Saison wie Erdbeere oder Yuzu und Zitrone.

119 AUX MERVEILLEUX DE FRED

45 ORTE FÜR EINEN DRINK

---

5 ungewöhnliche Orte für **EINEN DRINK** —— 82

Die 5 besten **COCKTAILBARS** —— 84

Die 5 edelsten **HOTELBARS** —— 86

5 Bars zum **SEHEN UND GESEHEN WERDEN** —— 88

5 großartige **PLÄTZCHEN AN DER SONNE** — 90

Die 5 besten **WEINBARS** —— 92

5 Orte für die besten **SPIRITUOSEN** —— 95

5 fantastische Orte für **TEE** —— 97

5 Orte für **EINE GUTE TASSE KAFFEE** —— 99

5 ungewöhnliche Orte für
EINEN DRINK

---

121 **LA SUITE GIRAFE**
1 place du Trocadéro
16. Arr. – Arc de
Triomphe, Champs-
Élysées & Grands
Boulevards (RD) ①
+33 (0)1 4062 7061
*girafe-restaurant.com/
la-suite-girafe*

La Suite Girafe in der 9. Etage des Architekturmuseums Cité de l'Architecture et du Patrimoine ist die ehemalige Wohnung des Kurators, von deren Terrasse sich ein wirklich abenteuerlicher Blick auf Paris bietet. Heute ist hier ein Dachrestaurant mit Bar untergebracht, deren Cocktails nicht weniger fantastisch sind als die Aussicht.

124 LE MARY CELESTE

82

122 BAMBINO

25 rue Saint-Sébastien
11. Arr. – Marais & Bastille (RD) ③
+33 (0)1 4355 6820
bambinoparis.com

Die von Jazz-Cafés in Tokio inspirierte Bar mit guter Playlist ist ein toller Ort, um sich mit Freunden auf einen Drink oder Imbiss zu treffen. Auf der Karte: Funk, Disco, Naturweine, Cocktails oder das ausgezeichnete Hähnchen-Aioli-Sandwich. Ab Mitternacht wird die Atmosphäre immer lockerer.

123 LA CAVE À MICHEL

34 rue Sainte-Marthe
10. Arr. – Belleville & Umgebung (RD) ⑨
+33 (0)1 4245 9447

In Belleville und Lust auf einen Drink? Ab in die winzige Weinbar, die auch »kleine Gerichte« anbietet. Ein Ort zum Abhängen unter Einheimischen, auch populär bei Weinliebhabern.

124 LE MARY CELESTE

1 rue Commines
3. Arr. – Marais & Bastille (RD) ③
+33 (0)9 5084 1967
lemaryceleste.com

Mitten im angesagten Maraisviertel gelegen, ist dies ein großartiger Ort, um raffinierte Cocktails, Austern und Tapas zu genießen. Im Laufe des Abends wird das Ambiente zunehmend locker und gesellig.

125 LA GARE

19 chaussée de la Muette
16. Arr.
+33 (0)1 4215 1531
restaurantlagare.com

Der Bahnhof Passy-La-Muette wurde an der Eisenbahnlinie des Petite Ceinture erbaut und 1854 eröffnet und hat jetzt ein Restaurant und eine Bar. Die Jungen und Schönen wie auch die Einheimischen lieben das unglaubliche Setting mit dem kolonialen Touch, designt von der Innenarchitektin Laura Gonzalez, und kommen hierher, um ihre Drinks an der Bar oder auf der sonnigen, grünen Terrasse zu genießen.

Die 5 besten COCKTAILBARS

---

126 EXPÉRIMENTAL COCKTAIL CLUB
37 rue Saint-Sauveur
2. Arr. – Louvre &
Les Halles (RD) ②
+33 (0)1 4508 8809
experimentalgroup.com/destinations/paris

Der Expérimental Cocktail Club ist für den Cocktailbar-Trend in Paris verantwortlich. Die gemütliche Atmosphäre ist perfekt, um einige der Signature-Cocktails oder die Mixgetränke aus seltenen Spirituosen, frisch gepresstem Saft und Gewürzen auszuprobieren. Auch DJs werden eingeladen – hier können Sie bis in die Nacht hinein feiern!

127 DANICO
6 rue Vivienne
2. Arr. – Louvre &
Les Halles (RD) ②
+33 (0)1 4221 9371

Das Danico, eine gemütliche, elegante Bar, finden Sie im Hinterzimmer des großartigen Restaurants Daroco. Die genialen Drinks mit Gewürznoten und vielen internationalen Einflüssen werden jedem Cocktailenthusiasten gefallen.

128 LITTLE RED DOOR
60 rue Charlot
3. Arr. – Marais & Bastille (RD) ③
+33 (0)1 4271 1932
www.lrdparis.com

Hinter der winzigen roten Tür verbirgt sich eine sehr beliebte und doch geheime Cocktailbar. Sie hat sich zum Hauptquartier des trendigen, jungen Publikums entwickelt, das die Location im Stil eines New Yorker Lofts liebt. Hier können Sie Cocktails von Barkeepern probieren, die zu den besten überhaupt zählen. Es kann sehr schnell sehr voll werden – das Little Red Door scheint auf dem besten Weg, sich zu einer Pariser Institution zu entwickeln.

129 COMBAT BELLEVILLE
63 rue de Belleville
19. Arr. – Belleville & Umgebung (RD) ⑨
+33 (0)9 8084 7860

Die Cocktailbar oben an der Rue de Belleville trägt die Handschrift zweier Frauen, die sich in der allzu oft von Männern dominierten Welt der Bars mit originellen Rezepten einen Namen machten. Ein Beispiel? Der Suze-Whisky-Cocktail, an dem man unter der hübschen, mit Blumen geschmückten Decke nippt.

130 CANDELARIA
52 rue de Saintonge
3. Arr. – Marais & Bastille (RD) ③
+33 (0)1 4274 4128
candelaria-paris.com

Diese gerade total angesagte *taqueria* im Marais serviert Tacos und Guacamole. Das liegt vor allem an der gemütlichen Cocktailbar, die sich im Hinterzimmer versteckt. Die originellen Kreationen der Barkeeper wie die berüchtigte *Guêpe Verte* (grüne Wespe) aus Ocho blanco Tequila, mit Chili, Gurke, Koriander, Agave und Limone aufgegossen, entführen Sie auf eine explosive und exotische Reise.

Die 5 edelsten
HOTELBARS

---

131 HÔTEL PLAZA ATHÉNÉE
25 avenue Montaigne
8. Arr. – Arc de Triomphe, Champs-Élysées & Grands Boulevards (RD) ①
+33 (0)1 5367 6665
dorchestercollection.com

Die Bar dieses berühmten Hotelpalasts an der Avenue Montaigne unterscheidet sich nicht zuletzt durch ihr außergewöhnliches Design von vergleichbaren Bars in Luxushotels. Ein elegantes und überraschendes Ambiente, um sich ein exklusives Gläschen Champagner, Cocktails wie schwarzen Mojito mit Brombeere oder ein Clubsandwich wie Croque Plaza zu genehmigen.

132 FOUR SEASONS HÔTEL GEORGE V
31 avenue George V
8. Arr. – Arc de Triomphe, Champs-Élysées & Grands Boulevards (RD) ②
+33 (0)1 4952 7000
fourseasons.com/paris

Die Bar im Four Seasons bietet mit ihrer Holzvertäfelung, dem prächtigen Kronleuchter, den englischen Regencysofas, Beistelltischen und dem offenen Kamin einen sehr gemütlichen, traditionellen Rahmen. Der perfekte Ort für ein Tête-a-Tête oder ein vertrauliches Gespräch. Sie können hier auch zu Mittag essen. Und die Spezialität des Hauses nicht vergessen: den Cocktail Blurred Lines.

133 PRINCE DE GALLES

33 avenue George V
8. Arr. – Arc de Triomphe, Champs-Élysées & Grands Boulevards (RD) ①
+33 (0)1 5323 7777
princedegallesparis.com

Wenn Sie nach einem entspannten Zwischenstopp im Grünen suchen, dann ist der Patio in diesem Palais genau das Richtige. Im Winter wie im Sommer kommen Leute hierher, um eine gute Zigarre und hervorragende Cocktails zu genießen. Die beliebtesten Drinks sind der Mojito Thai mit Thaibasilikumblättern und Ingwer sowie der Parisian Smash, eine Mischung aus Whisky, Likör und Passionsfrucht, die in einem Glasfläschchen serviert und dann über eine Kugel Eis gegossen wird.

134 LE ROYAL MONCEAU

37 avenue Hoche
8. Arr. – Arc de Triomphe, Champs-Élysées & Grands Boulevards (RD) ①
+33 (0)1 4299 8800
*www.leroyal
monceau.com*

Im luxuriösen, modern gestylten Hotel – von oben bis unten neu designt von Philippe Starck – dreht sich alles um Kunst und Design. Hier gibt es den »Cocktail des Barkeepers«. Nennen Sie dem Barmixer Ihre Vorlieben, dann wird er Ihnen einen Cocktail nach Maß mixen, den Sie an der Bar oder auf der Terrasse genießen können.

135 LE MEURICE

228 rue de Rivoli
1. Arr. – Arc de Triomphe, Champs-Élysées & Grands Boulevards (RD) ①
+33 (0)1 4458 1010
*www.dorchester
collection.com*

Die Bar 228 im Hôtel Le Meurice ist mit ihrem plüschigen Ambiente eine Institution und die Heimat von Chef-Barmann William Oliveri. Wir empfehlen, seinem ausgezeichneten Rat zu folgen. Unter den 300 Optionen auf der Karte steht auch der »Bellini« – ein berühmter venezianischer Cocktail aus Champagner und Pfirsichpüree –, wahrscheinlich einer der besten von ganz Paris.

5 Bars zum
SEHEN UND GESEHEN WERDEN

---

136 PAUSE CAFÉ
41 rue de Charonne
11. Arr. – Marais & Bastille (RD) ③
+33 (0)1 4806 8033

Vom Frühstück bis zur Cocktailstunde wird die große Terrasse vom Pause Café von einer Menschenmenge, einem Mix aus Einheimischen, Schauspielern und jungen Eltern, belagert. Das hübsche Café, das als Filmkulisse für *Chacun cherche son chat* von Cédric Klapisch diente, ist ein guter Treffpunkt für alle, die im Pariser Osten leben.

137 CAFÉ LA PERLE
78 rue Vieille du Temple
3. Arr. – Marais & Bastille (RD) ③
+33 (0)1 4272 6993
www.cafelaperle.com

Das La Perle ist nach wie vor ein beliebter Treffpunkt. Auf den ersten Blick nur ein schlichtes Café mit verblichenem Siebzigerjahre-Interieur, einer zentralen Bar für einen schnellen Kaffee im Stehen und ein paar Tischen auf dem Bürgersteig, das aber Models, Künstler, Partygänger und Einheimische anlockt. Freundliche, entspannte Atmosphäre.

138 CHEZ JEANNETTE
47 rue du Faubourg Saint-Denis
10. Arr. – Belleville & Umgebung (RD) ⑨
+33 (0)1 4770 3089

Die Bar ist eine Institution in dem Arbeiter- und Einwandererviertel. Die Retro-Ausstattung und die lebendige Atmosphäre ziehen die Künstler aus der Nachbarschaft an: Architekten, Grafikdesigner, Filmemacher … Alle trudeln hier ein, sobald sich die Tür öffnet. Am vollsten ist es abends, wenn sich hier die Stammgäste vor dem Ausgehen treffen. Super, wenn man es ausgelassen und voll mag.

139 CAFÉ CHARLOT
38 rue de Bretagne
3. Arr. – Marais & Bastille (RD) ③
+33 (0)1 4454 0330
cafecharlotparis.com

Die Restaurant-Bar in den Räumen einer alten Bäckerei in der bekannten Rue de Bretagne ist nur schwer zu verfehlen. Die draußen strategisch gut platzierten Tische machen das Charlot zu einem perfekten Ort zum Leutegucken, alle Hipster von Paris schlendern hier vorbei. Am frühen Abend kann es hier voll werden, für die beste Atmosphäre kommen Sie am besten morgens.

140 AUX DEUX AMIS
45 rue Oberkampf
11. Arr. – Belleville & Umgebung (RD) ⑨
+33 (0)1 5830 3813

An der winzigen Bar mit einfacher Ausstattung und wenigen Tischen draußen ist man schnell verbeigelaufen. Aber gerade diese Schlichtheit macht sie so interessant und seit einigen Jahren zu *der* angesagten Bar in der Rue Oberkampf. Hier versammeln sich alle BoHos der Gegend. Auch Feinschmecker lieben das Lokal für seine Auswahl an neu interpretierten traditionellen Gerichten und die fantastische Weinkarte.

5 großartige
PLÄTZCHEN AN DER SONNE

---

141 **PLACE DU MARCHÉ SAINTE-CATHERINE**
Rue Caron
4. Arr. – Marais & Bastille (RD) ③

Dieser winzige, von Bäumen gesäumte Platz mit den vielen Parkbänken ist genau das Richtige, wenn Sie nach einem ruhigen Ort suchen. Ein idealer Platz, um Freunde zu treffen. Einige Bars und Restaurants stellen tagsüber Tische auf den Platz. Toll für einen Morgenkaffee oder einen Drink am Nachmittag.

142 **L'EBOUILLANTÉ**
6 rue des Barres
4. Arr. – Marais & Bastille (RD) ③
+33 (0)1 4274 7052
ebouillante.fr

Nur ein paar Schritte von der Kirche Saint-Gervais-Saint-Protais entfernt, finden Sie eines der schönsten Cafés zum Draußensitzen in Paris. Mit der blauen Fassade, den Gartenstühlen und Sonnenschirmen fühlt man sich wie im Urlaub. Unter der Woche kommen.

143 **LOULOU**
107 rue de Rivoli
1. Arr. – Louvre & Les Halles (RD) ②
+33 (0)1 4240 4196
www.loulou-paris.com

Der Außenbereich des eleganten Cafés im Musée des Arts décoratifs ist perfekt für einen Drink, Mittag- oder Abendessen in einer einzigartigen Lage – hier spürt man den Zauber von Paris zu jeder Tageszeit. Genießen Sie die Postkartenansicht dank der fantastischen Lage zwischen Louvre und Tuilerien.

144 INSTITUT SUÉDOIS

11 rue Payenne
3. Arr. – Marais &
Bastille (RD) ③
+33 (0)1 4478 8020
www.paris.si.se

Das Schwedische Kulturinstitut im Hôtel de Marle befindet sich im historischen Stadtteil Marais. Das Institut organisiert Ausstellungen, Konzerte und Filmvorführungen. Das kleine Café Suédois am Eingang des sonnigen, gepflasterten Innenhofes ist ein idyllischer Ort für ein Mittagessen, eine traditionelle Zimtschnecke zum Tee oder eine erfrischende Holunderblütenschorle.

145 LE PERCHOIR

14 rue Crespin
du Gast
11. Arr. – Belleville &
Umgebung (RD) ⑨
+33 (0)1 4806 1848
www.leperchoir.fr

Auf dem obersten Geschoss des Fabrikgebäudes liegt die Panoramaterrasse, die bei Parisern sehr beliebt ist. Das Ambiente ist eher entspannt und die Bar unter dem Zeltdach bleibt nie leer. Die Imbissbude serviert eine Auswahl an Tapas und an den großen Tischen ergeben sich schnell Zufallsbekanntschaften.

Die 5 besten
WEINBARS

---

146 CAVES LEGRAND
1 rue de la Banque
2. Arr. – Louvre &
Les Halles (RD) ②
+33 (0)1 4260 0712
caves-legrand.com

Durch die Türen von Caves Legrand gehen, heißt, in die Geschichte eintreten, denn dieser großartige Ort ist seit fünf Generationen eine Institution. Nach einem kurzen Besuch im Deli setzen Sie sich an die Bar, umgeben von Flaschen mit legendären Namen, und bitten den Sommelier um Rat. Hier legt man Wert auf Hintergrundwissen. Neu entdeckte Weine, leckere Snacks, all das kann nur zu einem Ergebnis führen: Zurück für mehr!

147 LE BARON ROUGE
1 rue Théophile
Roussel
12. Arr. – Marais &
Bastille (RD) ③
+33 (0)1 4343 1432

Diese beliebte Weinbar in der Nähe des Marché d'Aligre ist am späten Sonntagvormittag recht voll. Nach dem Einkaufen stehen die Stammgäste gerne um die Fässer auf dem Bürgersteig herum und genießen bei einem Glas Weißwein ihre Austern. Die besondere Location und der Wein, der vom Fass kommt, haben dazu beigetragen, dass dieser Ort als eine der wenigen Weinbars in Paris gilt, die ihre Authentizität bewahrt haben.

148 VIVANT

43 rue des Petites Écuries
10. Arr. – Belleville & Umgebung (RD) ⑨
+33 (0)1 4246 4355
www.vivantparis.com

An der Theke dieses kleinen Restaurants zu sitzen und dem jungen Koch bei der Arbeit zuzusehen, ist wirklich ein Vergnügen. Hier verbinden sich die Aromen von Drinks und Essen zu einem harmonischen Gesamterlebnis. Probieren Sie kleine, kreative Gerichte, die von den Jahreszeiten inspiriert und mit köstlichen Naturweinen gepaart sind. Fragen Sie nach Empfehlungen.

149 SEPTIME LA CAVE

3 rue Basfroi
11. Arr. – Marais & Bastille (RD) ③
+33 (0)1 4367 1487
septime-lacave.fr

Stammgäste des Restaurants Le Clamato schräg gegenüber wissen, dass man vor allem Geduld braucht, um einen Tisch in dieser beliebten Weinbar zu ergattern. Das fachkundige Personal serviert eine schöne Auswahl natürlicher Weine aus ganz Europa. Die Highlights? Kleine, delikate Snacks, serviert auf Schieferplatten. Ein toller Tipp, um sich gut zu unterhalten.

150 LA BUVETTE

67 rue Saint-Maur
11. Arr. – Marais & Bastille (RD) ③
+33 (0)9 8356 9411

Diese kleine Bar in einem ehemaligen Milchladen mit altmodischen Fliesen, ein paar Holztischen und Vintagegeschirr ist ein Wallfahrtsort für Liebhaber von Weinen kleiner Produzenten und regionaler Lebensmittel. Camille berät zum Wein und macht Sandwiches mit köstlichem Bauernbrot, Käse, Terrinen und anderen regionalen Spezialitäten. Nach 20 Uhr kann es schwierig werden, einen freien Platz zu finden – aber diese Bar ist auf jeden Fall einen Besuch wert.

5 Orte für die besten
SPIRITUOSEN

---

151 **LA MAISON DU WHISKY**
20 rue d'Anjou
8. Arr. – Arc de Triomphe, Champs-Élysées & Grands Boulevards (RD) ①
+33 (0)1 4265 0316
www.whisky.fr/boutiques

Bekannte Pariser Adresse für Kenner und Neulinge. La Maison du Whisky wurde 1956 von Georges Bénitah gegründet und ist eines der Spezialgeschäfte für seltene Whiskys in Frankreich. Von einem Single Malt Scotch Whisky, von dem es nur ein Fass gibt, bis hin zu einem bretonischen Buchweizenwhisky – die riesige und hochwertige Auswahl ist es wert, erkundet zu werden.

152 **DILETTANTES**
22 rue de Savoie
6. Arr. – Saint-Germain-des-Prés & Montparnasse (RG) ⑤
+33 (0)1 7069 9868
www.dilettantes.fr

Wenn Sie Schampus lieben, dann werden Sie bei diesen Champagnerhändler auf Ihre Kosten kommen. Schauen Sie sich das erstaunliche Sortiment an, wahre Schätze aus dem Angebot unabhängiger Winzer, deren Erzeugnisse in Supermärkten nicht zu finden sind. Herrlicher Keller, wo man drei Champagner im Glas, dazu Käse oder Wurst, verkosten kann. Hervorragend für alle, die mehr über die verschiedenen Anbaugebiete erfahren möchten.

153 BAPBAP

79 rue Saint-Maur
11. Arr. – Marais &
Bastille (RD) ③
+33 (0)1 7717 5297
www.bapbap.paris

Wenn Sie gutes Bier lieben und wissen möchten, wie es hergestellt wird, dann besuchen Sie die Mikrobrauerei BAPBAP im Herzen des 11. Arrondissements. Alles wird vor Ort gemacht, vom Mälzen bis zur Abfüllung. Wirklich einzigartig in Paris!

154 FINE SPIRITS

6 carrefour de
l'Odéon
6. Arr. – Saint-
Germain-des-Prés &
Montparnasse (RG) ⑤
+33 (0)1 4634 7020
*www.whisky.fr/
boutiques*

Dieser große Laden im Quartier de l'Odéon verkauft nur Edelbrände und bietet eine riesige Auswahl an (1500 verschiedene Spirituosen). Hierher kommen die Aficionados für ihren Rum, Cognac, Armagnac, Wodka oder andere Liköre. Barmixer freuen sich über die erstaunliche Auswahl zur Verkostung und das Barzubehör.

155 LA CAVE DE LA GRANDE EPICERIE DE PARIS

38 rue de Sèvres
7. Arr. – Saint-
Germain-des-Prés &
Montparnasse (RG) ⑤
+33 (0)1 4439 8100
*www.lagrande
epicerie.com*

Genießer lieben diese luxuriöse Feinkosthalle am linken Seineufer. Der außergewöhnlicher Weinkeller ist wahrscheinlich einer der Gründe dafür. Die Auswahl ist unglaublich: 2000 verschiedene Weine, 1000 Spirituosen und Champagner, darunter 375 außergewöhnliche Jahrgänge. Im Bar/Restaurant Balthazar können Sie die Weine auch verkosten und bei den regelmäßig dort abgehaltenen Kursen mehr über Wein erfahren.

5 fantastische Orte für
TEE

---

156 **MAISON DES TROIS THÉS**
1 rue Saint-Médard
5. Arr. – Quartier Latin (RG) ⑦
+33 (0)1 4336 9384

Meisterin Tseng ist eine der renommiertesten Tee-Experten der Welt. Alle führenden Köche verlassen sich auf ihre unvergleichliche Nase und ihren Gaumen. In ihrem Teehaus im Quartier Latin verkauft sie mehr als 1000 handverlesene Tees aus China, Taiwan und Nepal, darunter auch seltene Jahrgänge. Am Nachmittag können Sie bei einer Verkostung erfahren, wie man guten Tee schmeckt, ähnlich einer Weinverkostung. Das Teehaus ist ein einzigartiger Ort, um mehr über dieses edle Produkt zu erfahren.

157 **GOUTTE DE THÉ**
77 avenue Ledru Rollin
12. Arr. – Marais & Bastille (RD) ③
+33 (0)9 5203 6610
gouttedethe.com

Dieser auf Tees aus China und Taiwan spezialisierte Laden kooperiert ausschließlich mit kleinen Lieferanten. Dort erhält man auch alles, was man benötigt, um Tee richtig zuzubereiten, wie die berühmten Yixing-Teekannen aus gebranntem, unglasiertem Ton, die »das Andenken an den Tee bewahren«.

158 JUGETSUDO
**95 rue de Seine
6. Arr. – Saint-
Germain-des-Prés &
Montparnasse (RG) ⑤
+33 (0)1 4633 9490**
www.jugetsudo.fr

Lernen Sie in dem Einführungskurs die goldenen Regeln für die Zubereitung einer perfekten Tasse japanischen Tees. In diesem ruhigen Raum, in dem Bambusstangen von der Decke hängen, werden Sie mit den Vorzügen und gesundheitlichen Vorteilen des grünen Tees vertraut gemacht und lernen, wie man ihn richtig zubereitet und schmeckt.

159 CAFÉ VERLET
**256 rue Saint-Honoré
1. Arr. – Louvre &
Les Halles (RD) ②
+33 (0)1 4260 6739**
www.verlet.fr

Dieses entzückende winzige Café, das nur einen kurzen Spaziergang vom Musée des Arts décoratifs und dem Palais Royal entfernt zu finden ist, ist die perfekte Wahl für eine schöne Tasse Nachmittagkaffee oder einen duftenden Tee. Vergessen Sie nicht, die Spezialität des Hauses zu bestellen: kandierte Früchte. Das Café Verlet ist ein beliebter Treffpunkt für Einheimische und alle, die einen unverfälschten Ort schätzen.

160 MARIAGE FRÈRES
**13 rue des
Grands Augustins
6. Arr. – Saint-
Germain-des-Prés &
Montparnasse (RG) ⑤
+33 (0)1 4051 8250**
mariagefreres.com

Menschen auf der ganzen Welt kennen diese große Marke und ihre fantastischen Teemischungen. Gehen Sie in das Geschäft in der Rue des Grands Augustins, das mit dem angrenzenden kleinen Teehaus persönlicher gestaltet ist als die anderen. Die »Teewände«, die aus mehr als 500 übereinandergestapelten Schachteln bestehen, verströmen subtile und zarte Wohlgerüche. Große Auswahl an Teezubehör.

5 Orte für
EINE GUTE TASSE KAFFEE

---

161 **PARTISAN**
36 rue de Turbigo
3. Arr. – Louvre &
Les Halles (RD) ②
+33 (0)6 0825 8832
parispartisancafe.com

Die Pariser Kaffeebar verfügt über eine eigene Rösterei, in der die Bohnen für ihre außergewöhnlichen Kaffees aufbereitet werden. Lassen Sie sich vom Team eine Sorte empfehlen, die Ihrem Geschmack entspricht, und bestellen Sie dazu etwas Selbstgebackenes. Das lichtdurchflutete, unprätentiöse Design des Ladens wirkt sehr einladend, und die Bänke auf dem Bürgersteig eignen sich gut für den Kontakt mit Einheimischen.

162 **TÉLESCOPE**
5 rue Villédo
1. Arr. – Louvre &
Les Halles (RD) ②
+33 (0)1 4261 3314
www.telescopecafe.com

Der Besitzer Nicolas lernte die Kunst des Kaffeekochens in den Vereinigten Staaten. Sein bezauberndes Café zieht Stammgäste und sachkundige Touristen an. Er bereitet den Filterkaffee frisch zu und serviert ihn mit einem Keks und einem breiten Lächeln. Genießen Sie Ihre äthiopische Mischung zu den Klängen von Nina Simone.

163 NOIR

9 rue de Luynes
7. Arr. – Saint-Germain-des-Prés & Montparnasse (RG) ⑤
+33 (0)7 8098 2197
noircoffeeshop.com

Das klitzekleine Café nach großartigem Entwurf von Batiik Studio ist der perfekte Ort für eine ausgezeichnete Tasse Kaffee, etwa einen rabenschwarzen Charcoal Latte mit kunstvoller Milchschaumoberfläche, um einen CBD-Cannabidiol-Keks zu probieren oder ein Tütchen exzellenter kolumbianischer oder äthiopischer Kaffeebohnen mitzunehmen.

164 TEN BELLES

10 rue de la Grange aux Belles
10. Arr. – Belleville & Umgebung (RD) ⑨
+33 (0)1 4240 9078
www.tenbelles.com

Dieses Café mit seiner entspannten, einladenden Atmosphäre hat einen anderen Zugang zum Kaffee. Puristen nehmen ihn ohne Zucker, damit sie die feinen Aromen genießen können, Anfänger sollten sich auf den Rat der Baristas verlassen. Die Theke ist voll mit leckeren Sandwiches, Sitzmöglichkeiten auch auf der Empore.

165 CAFÉ KITSUNÉ

30 rue du Vertbois
3. Arr. – Marais & Bastille (RD) ③
+33 (0)1 8169 5964
maisonkitsune.com

Die Gründer des Mode- und Plattenlabels Maison Kitsuné, die ausgesprochene Kaffeefans sind, eröffneten aus diesem Grund mehrere Coffeeshops in der französischen Hauptstadt wie diesen mit eigener Rösterei. Hier serviert man ausgezeichneten Kaffee, Matcha Latte und Yuzu-Limonade neben köstlichem Gebäck.

60 ORTE ZUM EINKAUFEN

Die 5 charmantesten **BLUMENLÄDEN** —— 104

5 empfehlenswerte **BUCHLÄDEN** —— 106

5 Läden für ungewöhnliche **MITBRINGSEL** —— 108

Die 5 schönsten **PAPETERIEN** —— 110

Die 5 besten Geschäfte für
MASSANFERTIGUNGEN —— 113

5 einzigartige Läden für
INNENDEKORATION —— 116

Die 5 tollsten Läden für **AKTUELLES DESIGN** —— 119

Die 5 besten Läden mit **VINTAGE-DESIGN** —— 122

Die 5 charmantesten **ANTIQUITÄTENLÄDEN** —— 124

Die 5 schönsten **FLOHMÄRKTE** —— 126

Die 5 besten Stände am
FLOHMARKT SAINT-OUEN —— 128

5 Adressen für alles **RUND UM DIE KÜCHE** —— 130

Die 5 charmantesten
BLUMENLÄDEN

---

166 **ERIC CHAUVIN**
22 rue Jean Nicot
7. Arr. – Invalides &
Eiffelturm (RG) ④
+33 (0)1 4550 4354
www.ericchauvin.fr

Dieser Star-Florist arbeitet auch für die großen Modehäuser und führt mehrere Filialen in ganz Paris. Der winzige Laden in der Rue Jean Nicot ist unser absoluter Liebling – obwohl die üppige saisonale Dekoration das Durchkommen manchmal schwer macht … Das aufmerksame Personal berät hervorragend.

167 **ARÔM**
73 avenue
Ledru Rollin
12. Arr. – Marais &
Bastille (RD) ③
+33 (0)1 4346 8259
www.aromparis.fr

In diesem Blumenladen, der einem Antiquitätengeschäft ähnelt, nimmt sich das Personal Zeit. Je nach Lieblingsfarbe und Budget stellt der Florist mit viel Gefühl ein elegantes Bouquet zusammen.

168 SAISON GALERIE

62 rue Oberkampf
11. Arr. – Marais &
Bastille (RD) ③
+33 (0)1 4803 4865
www.saison.studio

Das Saison ist weit mehr als ein Blumenfachgeschäft, sondern eher eine Galerie, die die Kunst des Blumenbindens neu interpretiert. Hier finden Sie keine traditionellen Blumensträuße, vielmehr binden die Inhaber aus einer erlesenen Auswahl an Pflanzen, Zweigen und Blüten von Hand Buketts von einzigartiger Schönheit und Poesie. Daneben werden formschöne, auffällige und ungewöhnliche Vasen präsentiert.

169 FLOWER

14 rue des
Saints-Pères
6. Arr. – Saint-
Germain-des-Prés &
Montparnasse (RG) ⑤
+33 (0)1 4450 0020
www.flower.fr

Dieser Florist ist für seine subtilen Farbkombinationen und die Qualität seiner Blumen bekannt. Die überbordende Fülle des Angebots verleiht dem Laden im Antiquitätenviertel seinen besonderen Charme.

170 BLEUET COQUELICOT

10 rue de la Grange
aux Belles
10. Arr. – Belleville &
Umgebung (RD) ⑨
+33 (0)1 4241 2135
bleuetcoquelicot.fr

Der winzige Laden mit dem sinnfälligen Namen »Kornblume-Klatschmohn« und der hübschen Fassade gehört Tom, einem passionierten Autodidakten. Er bezieht seine Pflanzen von kleinen lokalen Gärtnereien und stellt seine ungekünstelten Blumensträuße intuitiv zusammen. Jede verkaufte Pflanze wird von Tom persönlich ausgesucht. Eine Oase mit zeitloser Atmosphäre.

5 empfehlenswerte
BUCHLÄDEN

---

171 LA NOUVELLE CHAMBRE CLAIRE
3 rue d'Arras
5. Arr. – Quartier Latin (RG) ⑦
+33 (0)1 4201 3736
la-chambre-claire.fr

Diese winzige Fachbuchhandlung versorgt alle Liebhaber der Fotografie. Die meisten hier verkauften Bücher sind Kunstbände, sortiert nach Themen oder Fotografen, darunter Berühmtheiten wie Robert Doisneau, Robert Capa, Henri Cartier-Bresson und viele andere. Darüber hinaus gibt es Fachbücher zu fotografischen Techniken und eine kleine Ausstellungsfläche.

172 ARTCURIAL
7 rond-point des Champs-Élysées
8. Arr. – Arc de Triomphe, Champs-Élysées & Grands Boulevards (RD) ①
+33 (0)1 4299 2020
www.artcurial.com

Diese große Buchhandlung des Auktionshauses Artcurial im imposanten Hôtel Marcel Dassault bietet ein herausragendes Sortiment an Büchern über Kunst und Design des 20. Jahrhunderts sowie eine große Auswahl an seltenen und vergriffenen Büchern bzw. Werkverzeichnissen.

173 LIBRAIRIE GOURMANDE

92/96 rue Montmartre
2. Arr. – Louvre &
Les Halles (RD) ②
+33 (0)1 4354 3727
*www.librairie
gourmande.fr*

Diese Buchhandlung richtet sich an alle Anhänger der feinen Küche – Profis wie Amateure. Hier finden Sie Tausende von Büchern über das Backen, Weinverkosten, Bioküche, dazu Kochbücher von berühmten Köchen – und sogar Comics.

174 CHANTELIVRE

13 rue de Sèvres
7. Arr. – Saint-
Germain-des-Prés &
Montparnasse (RG) ⑤
+33 (0)1 4548 8790
www.chantelivre.com

Dieser große Buchladen im Herzen von Saint-Germain-des-Prés hat eine fantastische Kinderbuchabteilung. Gut informierte Buchhändler helfen, aus den tausenden Titeln etwas Passendes auszusuchen – vom allerersten Babybuch bis hin zu Bilderbüchern.

175 LIBRAIRIE JOUSSEAUME

45 galerie Vivienne
2. Arr. – Louvre &
Les Halles (RD) ②
+33 (0)1 4296 0624
*librairie-
jousseaume.com*

Die legendäre Librairie Jousseaume, eine der ältesten Buchhandlungen von Paris, liegt in einer der prächtigsten überdachten Passagen der französischen Hauptstadt. Ein wunderschöner Laden mit breitem Angebot, ob Postkarten, historische Grafik oder französische und englische Bücher.

5 Läden für ungewöhnliche
MITBRINGSEL

---

176 MARIN MONTAGUT
48 rue Madame
6. Arr. – Saint-Germain-des-Prés & Montparnasse (RG) ⑤
+33 (0)9 8122 5344
marinmontagut.com

Der talentierte Illustrator Marin Montagut eröffnete sein Geschäft im Herzen des ultraschicken 6. Arrondissements. Nur einen kurzen Spaziergang vom Jardin du Luxembourg entfernt, verkauft er charmante handbemalte Glaswaren, dekorative Teller, entzückende 3D-Wunderfenster und Notizbücher, in denen Sie Ihre Geheimnisse niederschreiben können. Eine verträumte Zeitreise.

177 MAISON TRUDON
78 rue de Seine
6. Arr. – Saint-Germain-des-Prés & Montparnasse (RG) ⑤
+33 (0)1 4326 4650
ciretrudon.com

Diese Wachsmanufaktur wurde 1643 gegründet und der Besuch ist ein »Muss«. Hier gibt es Stumpenkerzen in allen möglichen Größen, Kerzenbüsten historischer Berühmtheiten wie Marie-Antoinette oder Napoleon und eine ganze Wand voller Kerzen in allen erdenklichen Farben, eine schöner als die andere. In diesem Paradies für Kerzenliebhaber findet man auf alle Fälle ein hübsches Geschenk.

178 ASTIER DE VILLATTE

173 rue Saint-Honoré
1. Arr. – Louvre &
Les Halles (RD) ②
+33 (0)1 4260 7413
astierdevillatte.com

Die Seele dieser französischen Marke spiegelt sich in dem erstaunlichen Charme dieses Ladens wider. Feines weißes Keramikgeschirr, das von Vorlagen des 17. und 18. Jahrhunderts inspiriert wurde, mundgeblasenens Glas und Wohnaccessories werden in alten Schränken oder in Stapeln präsentiert. Die Preise sind astronomisch, allerdings gibt es einfach keinen vergleichbaren Laden, wenn man solche Raffinesse sucht.

179 BULY 1803

6 rue Bonaparte
6. Arr. – Saint-Germain-des-Prés &
Montparnasse (RG) ⑤
+33 (0)1 4329 0250
www.buly1803.com

Die Gründer hatten die geniale Idee, ein Geschäft zu eröffnen, das Produkte verkauft, die seit 1803 vom berühmten Parfümeur Jean-Vincent Bully kreiert wurden. Inmitten einer erstaunlichen Ladenausstattung findet man native Öle für alle Haar- und Hauttypen, Räucherwerk, hergestellt von den Mönchen des Heiligen Berges Athos in Griechenland, sowie Pflegeprodukte aus aller Welt. Dieser verspielte Laden ist perfekt, um ein außergewöhnliches Geschenk, vielleicht auch mal für sich selbst, zu kaufen.

180 JAMINI

10 rue Notre Dame
de Lorette
9. Arr. – Montmartre (RD) ⑧
+33 (0)9 8388 9106
www.jaminidesign.com

Wenn sich indische Innenarchitektur mit Pariser Chic mischt, dann entsteht eine Kollektion von Bett- und Tischwäsche, Notizbüchern, Taschen und Schals in allen möglichen Farben mit modernen, zierlichen Mustern. Einfach unwiderstehlich!

Die 5 schönsten
PAPETERIEN

---

181 **PAPIER+**
9 rue du Pont Louis-Philippe
4. Arr. – Marais & Bastille (RD) ③
+33 (0)1 4277 7049
www.papierplus.com

Dieser hübsche Schreibwarenladen ist für seine tollen Notizbücher bekannt, die *livres blancs* (weiße Bücher) genannt werden und in verschiedenen Größen erhältlich sind. Sie werden von Handwerkern vor Ort mithilfe traditioneller Techniken hergestellt. Die Farbpalette ist subtil und abwechslungsreich – was vielleicht ihre große Beliebtheit erklärt. PAPIER+ verkauft auch Geschenksets, Ordner und Fotoalben.

182 **PAPIER TIGRE**
5 rue des Filles du Calvaire
3. Arr. – Marais & Bastille (RD) ③
+33 (0)1 4804 0021
www.papiertigre.fr

Diese winzige Firma hat mit ihren Notizbüchern, Kalendern und Grußkarten die Schreibwarenindustrie Frankreichs umgekrempelt. Das Sortiment aus farbenfrohem, recyceltem Papier mit grafischen Mustern wird von Papier Tigre designt, hergestellt und vertrieben. Witzige Objekte mit modernem Pariser Esprit für den täglichen Gebrauch!

183 ADELINE KLAM

54 boulevard Richard-Lenoir
11. Arr. – Marais & Bastille (RD) ③
+33 (0)1 4807 2088
www.adelineklam.com

Adeline liebt Muster und Farben und verkauft in ihrem hellen, fröhlichen Laden eine große Auswahl an Japanpapier. Das Papier, das aus langen Maulbeerfasern gefertigt wird, eignet sich perfekt zum Basteln mit Papier, für Buchbindungen, Origami und Dekorationen. Die Eigentümerin zeigt Ihnen gerne, welches Papier sich am besten für Ihre Kreationen eignet.

184 CALLIGRANE

6 rue du Pont Louis-Philippe
4. Arr. – Marais & Bastille (RD) ③
+33 (0)1 4804 0900
www.calligrane.fr

Seit 1979 hat sich dieser Laden auf Künstlerpapiere spezialisiert und verkauft seltenes Papier aus Japan, auf Pflanzenbasis und außergewöhnliche Produkte wie Umschläge aus Mammutbaumholz sowie Kunstdrucke in limitierter Auflage. Ein perfekter Laden für Puristen und Menschen, die atemberaubend schöne Materialien schätzen.

185 ANTOINETTE POISSON

12 rue Saint-Sabin
11. Arr. – Marais & Bastille (RD) ③
+33 (0)1 7717 1311
www.antoinette poisson.com

Die drei Kunsthandwerker stellen in ihrem Atelier das sogenannte Dominotier-Papier her. Das Papier wird liebevoll per Hand nach traditionellen Techniken des 18. Jahrhunderts bedruckt und bemalt. Hier finden Sie fantastische Tapeten!

Die 5 besten Geschäfte für
MASS-ANFERTIGUNGEN

---

186 **MAISON LABICHE**
105 rue Vieille
du Temple
3. Arr. – Marais &
Bastille (RD) ③
+33 (0)1 4278 6310
maisonlabiche.com

Charakteristisches Detail dieser typisch Pariser Marke? Ein Wort, das auf ihre T-Shirts genäht oder gestickt wird. Kaufen Sie einen Konfektionsartikel im Laden oder lassen Sie das Wort Ihrer Wahl in 30 Minuten auf einen Artikel aus der Damen-, Herren- oder Babykollektion sticken.

187 **JLR**
28 rue Saint-Sulpice
6. Arr. – Saint-
Germain-des-Prés &
Montparnasse (RG) ⑤
+33 (0)1 4046 0677
www.jlrparis.com

Dieser Laden ist perfekt, um ein Geschenk für Ihren Traummann zu finden: ein Hemd nach Maß. Wählen Sie die Form des Kragens, die Farbe bzw. das Muster, einen klassischer Schnitt oder etwas Moderneres, und seine Initialen im Schriftzug Ihrer Wahl.

188 **LA CERISE SUR LE CHAPEAU**
46 rue du
Cherche-Midi
6. Arr. – Saint-
Germain-des-Prés &
Montparnasse (RG) ⑤
+33 (0)7 8733 5202
lacerisesurlechapeau.com

Lassen Sie sich hier Ihren eigenen, unverwechselbaren Hut anfertigen, wobei Sie unter sechs verschiedenen Formen, zwei Materialien und über fünfzig Farben wählen können. Wenn Sie mit Hüten wenig anzufangen wissen, könnte es Sie freuen, dass man hier auch Loafer, Hemden und Jacken verkauft, die ebenfalls individuell abgewandelt werden können.

189 **NOUVEL AMOUR**
10 rue des
Filles du Calvaire
3. Arr. – Marais &
Bastille (RD) ③
+33 (0)1 4461 1621
nouvelamour.fr

Die Boutique ist spezialisiert auf individuelle Schmuckgestaltung. In weniger als 48 Stunden können Sie hier ein Datum, einen Begriff oder Vornamen in ein schlichtes, elegantes Schmuckstück eingravieren lassen: in eine Medaille, eine Kette oder einen Ring ... Für Damen und Herren.

190 **EX NIHILO**
352 rue Saint-Honoré
1. Arr. – Arc de
Triomphe, Champs-
Élysées & Grands
Boulevards (RD) ①
*www.ex-nihilo-
paris.com*

Diese prächtige Parfümerie verkauft acht exklusive Düfte, die von acht der besten »Nasen« der Welt kreiert wurden. Sie können Ihren persönlichen Favoriten wählen und ihm eine persönliche Note geben: Rose, Jasmin, Vanille ... Zu jedem Parfüm gibt es drei verschiedene Düfte. Die Mitarbeiter des Ladens helfen gerne bei der Auswahl.

5 einzigartige Läden für
INNEN-DEKORATION

---

191 **CARAVANE**
19 & 22 rue
Saint-Nicolas
12. Arr. – Marais &
Bastille (RD) ③
+33 (0)1 5317 1855
und (0)1 5302 9696
www.caravane.fr

Jede Pariserin mit einem Hang zu schöner Heimdekoration kennt diesen Laden mit zwei Filialen. Hier legt man großen Wert auf die Qualität der Stoffe, die Muster und Farben. Die Auswahl an Bettwäsche, Vorhängen und Geschirr ist edel, raffiniert und vielseitig mit Inspirationen aus Indien, Marokko and Asien.

192 **MERCI**
111 boulevard
Beaumarchais
3. Arr. – Marais &
Bastille (RD) ③
+33 (0)1 4277 0033
www.merci-merci.com

Seit seiner Eröffnung im Jahr 2009 ist dieser einzigartige Concept-Store ein Pflichtstopp für jeden Einkaufsbummel in Paris, vor allem wegen seiner großartigen Abteilungen für Möbel, Wohnaccessoires und Geschirr. Die internationale Auswahl aus modernem Design, Einzelstücken und antiken Objekten hält immer wieder eine Überraschung für Sie bereit.

195 **LA TRÉSORERIE**

193 **MAISON SARAH LAVOINE**

6 place des Victoires
2. Arr. – Louvre &
Les Halles (RD) ②
+33 (0)1 4013 7575
www.sarahlavoine.com

Der hübsche Laden der trendigen Innenarchitektin Sarah Lavoine ist wie ein Haus eingerichtet, ausgestattet mit ihrer eigenen Möbelkollektion und ausgewählten Stücken ihrer Lieblingsmarken. Wohnen und leben Sie wie ein Pariser und lassen Sie sich von Sarah Lavoines typisch französischem Stil – elegant und gemütlich – inspirieren.

194 **AILLEURS**

17 rue Saint-Nicolas
12. Arr. – Marais &
Bastille (RD) ③
+33 (0)9 5381 8514
ailleurs-paris.com

Diese charmante Boutique verkauft geschmackvolle Kunsthandwerksobjekte, neues Design oder Vintage, die von überall auf der ganzen Welt zusammengetragen werden: alte Hocker aus China, Küchenutensilien aus Siebenbürgen, mexikanische Keramik oder Glaswaren aus Japan … Der Ort ist eine wahre Fundgrube für hübsche Geschenke.

195 **LA TRÉSORERIE**

8 und 11 rue du
Château d'Eau
10. Arr. – Belleville &
Umgebung (RD) ⑨
+33 (0)1 4040 2046
www.latresorerie.fr

La Trésorerie ähnelt den Warenhäusern von anno dazumal, wo man alles für den gut geführten Haushalt kaufen konnte. Unter dem Glasdach finden Sie schöne, nützliche und nachhaltige Artikel, einschließlich einer tollen Auswahl an Haushaltswaren, Stühlen im Industriedesign und Tischwäsche sowie Biofarbe und Reinigungsprodukte.

Die 5 tollsten Läden für
AKTUELLES DESIGN

---

196 GALERIE LSD
5 rue Aubriot
4. Arr. – Marais & Bastille (RD) ③
+33 (0)1 4272 0653
laurencesimoncini.fr

Die Showroom-Galerie des Innenausstatters Laurence Simoncini liegt im Innenhof eines Stadthauses im Marais. Sie nutzt den vom Team Ciguë Architecture renovierten Raum zur Präsentation einer interessanten Mischung aus zeitgenössischen Möbeln, einzeln angefertigten Objekten und Kunstwerken. Simoncini hat ein Händchen dafür, inspirierende, raffinierte Innenräume zu kreieren.

197 COLONEL
14 avenue Richerand
10. Arr. – Belleville & Umgebung (RD) ⑨
+33 (0)1 8389 6922
www.moncolonel.fr

Colonel verkauft eine lebendige und moderne Auswahl an Objekten in einem Mix aus hübschen Farben und zeitlosem Design. Die Lampen – von den beiden Ladenbesitzern selbst entworfen – und die schlichten Skandi-Möbel namhafter Hersteller sind die Highlights dieses wundervollen Ladens.

197 COLONEL

198 **MOUSTACHE**

17 rue Beaurepaire
10. Arr. – Belleville &
Umgebung (RD) ⑨
+33 (0)1 4240 9258
moustache.fr

Der ungewöhnliche Laden verkauft hauptsächlich Entwürfe europäischer Designer. Ein Ort, wo man eine interessante skulpturale Lampe, einen ungewöhnlichen Spiegel oder eine Karaffe ergattern kann, die ganz anders sind als alles, was man je gesehen hat. Und andere Objekte wie hübsche Vasen, die sich hervorragend als Geschenke eignen.

199 **À REBOURS**

46 rue Sainte-Croix
de la Bretonnerie
4. Arr. – Marais &
Bastille (RD) ③
+33 (0)1 4274 9573
*lafayette
anticipations.com*

Diese ganz in der Nähe des Kunst- und Begegnungszentrums Lafayette Anticipations gelegene Boutique verkauft ungewöhnliche und originelle moderne Kunst- und Gebrauchsobjekte. Mit ihrer Sammlung reagiert sie direkt auf neue Produktionsmethoden, indem ein Teil der angebotenen Entwürfe nur in Kleinstauflagen oder im Direktverkauf erhältlich ist.

200 **HOME AUTOUR DU MONDE**

8 rue des Francs
Bourgeois
3. Arr. – Marais &
Bastille (RD) ③
+33 (0)1 4277 0608
www.bensimon.com

Dieser Concept-Store im touristisch angehauchten Teil des Marais bietet verschiedene Design- und Einrichtungsgegenstände an: Möbelstücke, Dekorationsobjekte, Geschirr und technisches Gerät. Die Auswahl ist so witzig und bunt, dass es wirklich Spaß macht, hier einfach mal vorbeizuschauen.

Die 5 besten Läden mit
VINTAGE-DESIGN

---

201 **MAISON NORDIK**
159 rue Notre Dame de Lorette
9. Arr. – Montmartre (RD) ⑧
+33 (0)6 2207 2107
maisonnordik.com

Der große Laden auf dem Montmartre bietet mit das beste Sortiment skandinavischer Möbel in Paris. Hier findet man viele Designklassiker, vom Teak-Sideboard über Keramik zu Leuchten von Poul Henningsen, sowie Möbel und Objekte in schlichtem Design aus hochwertigen Materialien.

202 **GALERIE THOMAS FRITSCH**
6 rue de Seine
6. Arr. – Saint-Germain-des-Prés & Montparnasse (RG) ⑤
+33 (0)1 4326 7712
www.thomasfritsch.fr

Eine Galerie in Saint-Germain-des-Prés mit Fokus auf französischer Keramik der 1950er- und 60er-Jahre. Der Großteil der Sammlung umfasst bekannte Designer, doch kann man hier auch die ein oder andere spannende Entdeckung machen, sprich: Arbeiten von Künstlern, die noch erschwinglich sind.

203 CHRISTINE DIEGONI

47 ter rue d'Orsel
18. Arr. – Montmartre (RD) ⑧
+33 (0)1 4264 6948
christinediegoni.fr

Designsammler kennen diesen Laden, der außergewöhnliche Objekte und Möbel von Designern wie Ettore Sottsass oder George Nelson verkauft. Die Leuchten von Gino Sarfatti sind das Highlight!

204 COIN CANAL

1 rue de Marseille
10. Arr. – Belleville & Umgebung (RD) ⑨
+33 (0)1 4238 0030
www.coincanal.net

Dieser Laden in der Nähe des Canal Saint-Martin verkauft eine schöne Auswahl an schlichten und zeitlosen Möbeln der 1950er- und 60er-Jahre. Die Möbel sind wie in einem Zuhause arrangiert.

205 À DEMAIN

97 rue de Turenne
3. Arr. – Marais & Bastille (RD) ③
+33 (0)6 1246 5605
design-only.com

Wenn Sie ein Faible für Design der 1950er- bis 80er-Jahre haben, brauchen Sie nicht weiterzusuchen. Dieser geräumige Laden im Herzen des Marais führt Möbel und Dekorationsgegenstände ebenso wie Vintage-Uhren und -Brillen, Poster und Magazine dieser Zeit. Ein einzigartiger, unterhaltsamer Ort, um in dieses Kapitel der Designgeschichte abzutauchen.

Die 5 charmantesten
ANTIQUITÄTEN-LÄDEN

---

206 VERREGLASS
32 rue de Charonne
11. Arr. – Marais & Bastille (RD) ③
+33 (0)1 4805 7843

Dieser unprätentiöse Laden ist voll mit Vasen und Glaswaren aller Größen und Farben. Claudius Breig liebt es, italienisches, skandinavisches und französisches Glas aus dem 19. Jahrhundert bis in die Siebzigerjahre aufzustöbern. Er berät Sie gerne und ist voller Leidenschaft für alle Stücke, die er verkauft. Hier gibt es nur Originale, keine Trends oder Modeerscheinungen!

207 PIERRE FARMAN ANTIQUES
122 rue du Bac
7. Arr. – Saint-Germain-des-Prés & Montparnasse (RG) ⑤
+33 (0)1 4544 8739
pierre-farman.com

In einer Straße voller Luxusmarken fällt dieser Laden aus der Reihe. Die Unordnung ist unglaublich, aber der charmante Ladenbesitzer hat irgendwie doch alles unter Kontrolle. Verkauft werden riesige, dekorative Flugzeugteile (Propeller, Motoren, Ansaugstutzen), aber auch wer nach Kerzenständern, skandinavischer Keramik oder versilbertem Geschirr sucht, ist hier richtig.

208 BELLE LURETTE

5 rue du Marché Popincourt
11. Arr. – Belleville & Umgebung (RD) ⑨
+33 (0)1 4338 6739

Mitten zwischen Secondhandläden und trendigen Lokalen bietet das Belle Lurette einen bunten Mix aus Secondhandmöbeln, Siebzigerjahre-Stühlen und Lampen verschiedener Stile – genau der richtige Ort, um zu einem guten Preis etwas ganz Besonderes für das eigene Zuhause zu finden.

209 AU PETIT BONHEUR LA CHANCE

13 rue Saint-Paul
4. Arr. – Marais & Bastille (RD) ③
+33 (0)1 4274 3638

Dieser winzige Laden im Le village Saint-Paul ist Nostalgie pur – die Besitzerin sammelt hier alles, was uns an unsere Kindheit erinnert. Frühstücksgeschirr, Schulhefte, alte Leinenstoffe, Kurzwaren, Bücher. Eine Anlaufstelle für Pariser und Touristen, die alte Dinge lieben.

210 LES CHI(N)EUSES

7 rue Saint-Bernard
11. Arr. – Marais & Bastille (RD) ③
+33 (0)6 1539 1268
leschineuses devintage.com

Die winzige Boutique in einer der charmanten Straßen des 11. Arrondissements ist sehr beliebt bei Einheimischen. Hier kann man Leuchten und Dekorationsobjekte aus den 1950er- bis 70er-Jahren günstig erstehen. Das gut informierte Verkaufspersonal ist sehr freundlich und immer gern bereit, Sie zu beraten.

Die 5 schönsten
FLOHMÄRKTE

---

211 **LA BROCANTE DE LA RUE DE BRETAGNE**
Rue de Bretagne
& Rue de Belleyme,
Rue de Turenne, die
Gegend Carreau du
Temple, Rue Dupetit
Thouars
3. Arr. – Marais &
Bastille (RD) ③

Zweimal im Jahr treffen sich an drei Tagen Profis und Privatleute zu einem Riesenflohmarktspaß im Zentrum des Maraisviertels. Der große Markt konzentriert sich auf Möbel und Kleidung der Fünfziger-, Sechziger- und Siebzigerjahre. Über den mit Spannung erwarteten Markt spazieren Hipster, Familien und Bummler. Der große Erfolg lässt Jahr für Jahr die Preise steigen.

212 **LES PUCES DU DESIGN**
Parc des Expositions
Porte de Versailles
15. Arr.
pucesdudesign.com

Auf diesem Markt werden ausschließlich Designobjekte aus der Zeit zwischen den Fünfzigern und den Nullerjahren verkauft. Der Markt ist einzigartig in Frankreich, denn hier verkaufen die auf diese Nische spezialisierten Tophändler ihre besten Stücke. Ob Sie einfach nur bummeln und gucken oder auf der Suche nach einem Unikat Ihres Lieblingsdesigners sind – dieser Flohmarkt ist ein Muss! Zusätzlich wird immer eine Ausstellung zu einem führenden Designer gezeigt.

213 LA BROCANTE DE L'AVENUE DE TRUDAINE

Avenue de Trudaine
9. Arr. – Montmartre (RD) ⑧

Zweimal im Jahr breitet sich dieser Stadtviertelflohmarkt auf einer der schönsten Alleen von Paris aus. Obwohl überwiegend Möbel im Industriedesign und im Design der Siebziger angeboten werden, gibt es auch die üblichen Stände mit einer bunten Mischung an Objekten aus verschiedenen Stilen und verschiedener Zeiten. Am besten morgens kommen, wenn die Händler gerade ihre Stände aufbauen und die umliegenden Cafés das Frühstück servieren.

214 PUCES DE VANVES

Avenue Marc Sangnier, avenue Georges Lafenestre
14. Arr. – Invalides & Eiffelturm (RG) ④

Dieser Flohmarkt liegt etwas außerhalb der Stadtzentrums und versammelt über 300 Antiquitätenhändler. Die Atmosphäre ist authentisch und freundlich. Hier findet man alles, vom alten Foto über Postkarten zu Gartenmöbeln und Raritäten. Wenn Sie auf Schatzsuche sind, kommen Sie am besten frühmorgens.

215 LA FOIRE DE CHATOU

Île des Impressionnistes Chatou
www.foiredechatou.com

Diese große Messe findet zweimal im Jahr für zwölf Tage auf der Île des Impressionists in Chatou, ca. 10 Minuten Fahrzeit außerhalb von Paris, statt. Hunderte von Antiquitätenhändlern aus ganz Frankreich präsentieren hier ihre besten Stücke. Der Markt ist auch als *foire aux jambons* (Schinkenmesse) bekannt, da ein Teil der Ausstellungsfläche einer Auswahl der besten regionalen Lebensmittel gewidmet ist.

Die 5 besten Stände am FLOHMARKT SAINT-OUEN

---

216 **LIBRAIRIE DE L'AVENUE**
31 rue Lécuyer
Saint-Ouen
+33 (0)1 4011 9585
www.librairie-avenue.com

Dieser größte Secondhandbuchladen in der Region Paris liegt im Herzen des Straßenmarktes. Hier findet man ein breites Spektrum an Taschenbüchern, Kunstbüchern, alten Zeitungen oder Sammlerstücken aus allen erdenklichen Fachbereichen. Der Laden hat eine ganz besondere Atmosphäre – hier sollte man unbedingt vorbeischauen.

217 **CHEZ SARAH**
18 rue Jules Vallès
Saint-Ouen
+33 (0)6 0801 8089
www.chezsarah.net

Sarah Rozenbaum ist nach ihrer Mutter und Großmutter bereits in der dritten Generation mit einem Stand auf diesem Markt. Sarah liebt Mode und Couture und gilt als Expertin für den Stil der Zwanziger-, Dreißiger-, Vierziger- und Fünfzigerjahre. Sie berät auch Frauen auf der Suche nach einem Hochzeitskleid.

218 MARCHÉ L'USINE
18 rue des
Bons Enfants
Saint-Ouen

Das riesige Lager, das einem Markt ähnelt, ist nicht so voll und auch nicht so beliebt wie der Nachbarmarkt Paul Bert-Serpette. Der Besuch lohnt sich trotzdem, denn Sie werden hier seltene Prachtstücke oder ausgefallene Objekte finden – auch wenn Sie sich dabei vielleicht die Hände ein bisschen schmutzig machen müssen.

219 BACHELIER ANTIQUITÉS
IM MARCHÉ PAUL BERT
18 rue Paul Bert
Stand 17, Gang 1
Saint-Ouen

Die Familie Bachelier hat sich auf antike Küchenwaren spezialisiert. Profis und Hobbyköche kaufen hier Küchenklassiker wie Kupferpfannen, Kaffeemühlen, Kuchenformen oder Werkzeuge für Winzer.

220 MAISONJAUNE STUDIO
IM MARCHÉ PAUL BERT
96 rue des Rosiers
Stand 145, Gang 3
Saint-Ouen
maisonjaunestudio.com

Elodie und Julien verkaufen hier eine unterhaltsame Mischung aus individuellen und zeitlosen Möbeln, Dekorationsobjekten und Leuchten. Sie lieben besonders Korbgeflecht, Massivholz, Stein und Keramik, die sie an ihrem Stand zu höchst anregenden, schicken und minimalistischen Zusammenstellungen kombinieren.

5 Adressen für alles
RUND UM DIE KÜCHE

---

221 **COURTY & FILS**
44 rue des
Petits Champs
2. Arr. – Louvre &
Les Halles (RD) ②
+33 (0)1 4296 5921
www.couteaux-
courty.com

Courty verkauft handgefertigte Messer aus französischer Herstellung, darunter Originalarbeiten von namhaften französischen Kunsthandwerkern, aber auch traditionelle Messer aus Japan und Finnland. Ob Sie einen Kartoffelschäler oder ein Schweizer Taschenmesser brauchen – besuchen Sie dieses Pariser Messerparadies!

222 **MORA**
13 rue Montmartre
1. Arr. – Louvre &
Les Halles (RD) ②
+33 (0)1 4508 1924
www.mora.fr

Weltweit verwenden Chefköche und Konditoren die Geräte von Mora. Wenn Sie ihrem Beispiel folgen wollen, dann ab in diese Ali-Baba-Schatzhöhle, wo man jedes nur erdenkliche Küchenutensil kaufen kann: Kochgeschirr, Backformen, Küchengeräte und alles, was man für eine umwerfende Tortendekoration braucht.

223 **NOUS PARIS**
19 rue Clauzel
9. Arr. – Montmartre (RD) ⑧
+33 (0)1 4279 9904
nousparis.com

Die kleine, friedliche Boutique präsentiert Objekte von 50 Kunsthandwerkern aus der ganzen Welt. Die ausgestellten Alltagsgegenstände besitzen alle eine Seele und haben eine Geschichte zu erzählen. Das Sortiment umfasst u. a. Gläser und Glasvasen, Porzellan und Holzlöffel sowie Schüsseln und Teller aus Steinzeug.

224 **DATCHA**
20 quai de la Mégisserie
1. Arr. – Louvre & Les Halles (RD) ②
+33 (0)1 5380 3411
datchaparis.com

Ein Geschäft für Heimdeko, das sich mit Kennerschaft auf europäisches Kunsthandwerk konzentriert. Neben Keramik verkauft es Teppiche, Leuchten und Textilien. Auch der mit Michelin-Sternen ausgezeichnete Küchenchef Jean-François Piège bezog bei Datcha Geschirr und Tischwäsche für sein Restaurant Mimosa.

225 **LA BOVIDA**
36 rue Montmartre
1. Arr. – Louvre & Les Halles (RD) ②
+33 (0)1 4236 0999
www.labovida.com

Dieser schöne Laden, der bei Genießern und Feinschmeckern beliebt ist, bietet alles, was man zum Kochen braucht: Geschirr, Küchengeräte, Gewürze aus aller Welt und spezielle Zutaten. Auch die Auswahl mit Bestsellern und Büchern mit verschiedenen innovativen Themen ist einen Besuch wert.

35 ORTE FÜR MODE

Die 5 inspirierendsten **SCHMUCKDESIGNER** — 134

Die 5 innovativsten **CONCEPT-STORES** — 136

Die 5 tollsten Läden für **SECONDHANDKLEIDUNG** — 138

5 Adressen für exklusive **FASHION FÜR FRAUEN** — 140

Die 5 besten Läden für **VINTAGECOUTURE** — 142

Die 5 besten Adressen für **MÄNNERMODE** — 144

Die 5 schönsten **KURZWARENLÄDEN** — 146

Die 5 inspirierendsten
SCHMUCKDESIGNER

---

226 **MARIE-HÉLÈNE DE TAILLAC**
8 rue de Tournon
6. Arr. – Saint-Germain-des-Prés & Montparnasse (RG) ⑤
+33 (0)1 4427 0707
www.mariehelenedetaillac.com

Für ihre Pariser Filiale hat die erstaunliche Designerin mit dem britischen Designer Tom Dixon zusammengearbeitet. Taubenblaue Wände, knallrote Möbel und Spiegel betonen ihre einzigartigen Schmuckentwürfe aus bunten Edelsteinen. Raffinesse und lebhaftes Design machen den Schmuck Marie-Hélène de Taillacs so beliebt.

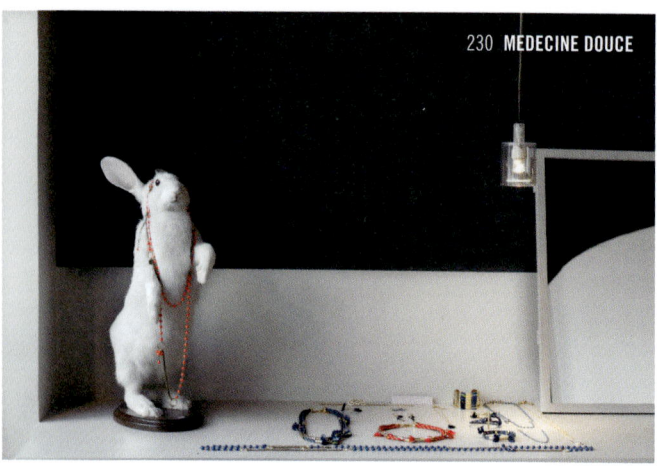

230 **MEDECINE DOUCE**

227 AIMÉE.AIMER

NUR MIT TERMIN IM GRAND HÔTEL DU PALAIS ROYAL
4 rue de Valois
1. Arr. – Louvre & Les Halles (RD) ②
aimee-aimer.com

Die beiden Designer dieser eleganten und farbenfrohen Marke entwerfen Pariser Schmuck mit brasilianischem Esprit. Ihr Laden im ersten Stock ist einladend und intim – denn ein Schmuckkauf ist nie etwas Alltägliches. Mehrere Kollektionen, die Designer beraten gerne.

228 MARION VIDAL

13 avenue Trudaine
9. Arr. – Montmartre (RD) ⑧
+33 (0)1 4924 0401
marionvidal.com

Als Architektin verfügt Marion Vidal über ein Gespür für Volumen und Struktur. Damit entwirft sie skulpturalen Schmuck, der linear und grafisch wirkt, mit Kombination ungewöhnlicher Materialien (Plexiglas, Keramik). Ihre Statement Pieces verleihen jedem Outfit das gewisse Etwas.

229 MONSIEUR PARIS

53 rue Charlot
3. Arr. – Marais & Bastille (RD) ③
+33 (0)6 5002 0175
monsieur-paris.com

Der winzige Werkstatt-Laden im Marais verkauft hübschen, raffinierten Schmuck, nach Entwürfen Nadia Azougs von Goldschmieden in Paris für das Atelier gefertigt. Durchforsten Sie die filigranen Kollektionen nach einem Medaillon oder Goldarmreif. Auch für die Gestaltung individueller Stücke hilft Azoug gerne mit der Auswahl passender Edelsteine und der Verarbeitung.

230 MEDECINE DOUCE

10 rue de Marseille
10. Arr. – Belleville & Umgebung (RD) ⑨
+33 (0)1 8283 1153
www.bijouxmedecinedouce.com

Designerin Marie Montaud entwirft den filigranen Schmuck mit dem unkonventionellen Flair und stellt ihn selbst her. Die Hals- und Armbänder mit witzigen Details aus unerwarteten Materialien haben zum Erfolg der kleinen Pariser Marke beigetragen.

Die 5 innovativsten
CONCEPT-STORES

231 THE BROKEN ARM
12 rue Perrée
3. Arr. – Marais &
Bastille (RD) ③
+33 (0)1 4461 5360
www.the-broken-arm.com

Dieses Geschäft verkauft eine schöne Auswahl an Designerkleidung für Männer und Frauen, dazu Lederwaren und Kunstbücher. Das dazugehörige Café – sehr beliebt bei den trendigen jungen Leuten der Nachbarschaft – hat ein beruhigendes, minimalistisches Interieur, ein Ausgleich zur leicht versnobbten Atmosphäre des Ladens.

232 EMPREINTES
5 rue de Picardie
3. Arr. – Marais &
Bastille (RD) ③
+33 (0)1 4009 5380
empreintes-paris.com

Direkt bei den Herstellern kann man in diesem winzigen dreistöckigen Gebäude im Marais einkaufen: Schmuck, Mode und Accessoires, Geschirr, Schreibwaren und Beleuchtungskörper … Unverwechselbare und originelle Entwürfe begabter Kunsthandwerker. Versäumen Sie nicht, auch einen Abstecher in die Galerie und den Buchladen zu unternehmen.

233 **SPREE**

16 rue la Vieuville
18. Arr. – Montmartre (RD) ⑧
+33 (0)1 4223 4140
www.spree.fr

Die Stylistin Roberta Oprandi und der Künstler Bruno Hadjadj haben diese moderne Laden-Galerie auf dem Montmartre eröffnet, wo sie einen Mix von Designerstücken aus den Fünfzigern und von zeitgenössischen Künstlern verkaufen. Kleidung, Möbel, Accessoires und Kunstobjekte – hier gibt es jede Saison neue Talente zu entdecken.

234 **SOWEARE**

13 rue Keller
11. Arr. – Marais & Bastille (RD) ③
+33 (0)1 4806 7066
www.soweare-shop.fr

Dieser Concept-Store, der von den Freundinnen Magali and Hélène eröffnet wurde, bietet einen vielseitigen Mix aus Konfektionskleidung, Dekoobjekten, Schmuck und anderen schönen Dingen, die die beiden in Frankreich, Großbritannien und Skandinavien gesammelt haben. Sie lieben Farben und Drucke. Ihre Artikel haben ein breites Preisspektrum – die perfekte Anlaufstelle, wenn man ein kleines oder auch größeres Geschenk sucht!

235 **CENTRE COMMERCIAL**

2 rue de Marseille
10. Arr. – Belleville & Umgebung (RD) ⑨
+33 (0)1 4202 2608
www.centre commercial.cc

Der Nobelladen in der Nähe des Canal Saint-Martin verkauft ausgesuchte Produkte und Arbeiten von Designern, Handwerkern und Künstlern mit Haltung: regional, lokal, fair, umweltfreundlich … Hier gibt es Kleidung wie auch gebrauchte Fahrräder, alte Möbel und Bücher.

Die 5 tollsten Läden für
SECONDHAND-KLEIDUNG

---

236 KILO SHOP
69–71 rue de
la Verrerie
4. Arr. – Marais &
Bastille (RD) ③
+33 (0)9 6713 7954
www.kilo-shop.fr

Das Konzept dieses Ladens – ihn gibt es auch in Amsterdam, Athen und Tokio – ist ganz schön originell: Hier können Sie Secondhandkleidung im Kilo kaufen. 20 Euro für ein Kilo Jeans oder 30 Euro für das Kilo Pelz. Hüte, Lederhosen oder Vintagekleider – in dieser riesigen Pariser Boutique finden Sie auf alle Fälle etwas, das Ihnen gefällt.

237 SUPER VINTAGE
11 rue des
Petites Ecuries
10. Arr. – Louvre &
Les Halles (RD) ②
+33 (0)9 5348 8522

Vorbei an Zeitschriftenständern mit alten Ausgaben des Playboy-Magazins und einem phänomenalen vegetabilen Leuchtkörper, ist dies der angesagte Ort für alle, die auf der Suche nach einem Lamékleid für die nächste Party, Ohrringen aus den 1970ern oder einem Outfit für die Disco sind.

238 COME ON EILEEN

16–18 Rue des
Taillandiers
11. Arr. – Marais &
Bastille (RD) ③
+33 (0)1 4338 1211

Ein Laden, vollgestopft (im positiven Sinne) mit Secondhand-Klamotten, Schuhen und Accessoires. Bringen Sie Zeit mit, um ihn zu durchstöbern – nach dem einen Stück, das Ihre Garderobe wirkungsvoll ergänzt: einem Kleid aus den 1970ern, einem Jeansrock aus den 80ern oder einer Retro-Handtasche.

239 TILT VINTAGE

16 rue Saint-Placide
6. Arr. – Saint-
Germain-des-Prés &
Montparnasse (RG) ⑤
+33 (0)9 6707 5886
www.tilt-vintage.com

Dieser Laden ist einer der wenigen am linken Seineufer. Hier wird eine große Auswahl an gut erhaltener Kleidung der Sechziger bis Neunziger verkauft. Die Preise sind angemessen: zwischen 25 und 30 Euro für Schuhe, 20 Euro für ein Kleid oder 15 Euro für eine *chemise* (Hemd). Ein weiteres Plus ist, dass die Kleidung sehr sorgfältig sortiert ist.

240 FREE'P'STAR

20 rue de Rivoli
4. Arr. – Marais &
Bastille (RD) ③
+33 (0)1 4277 6343
www.freepstar.com

Der Ort der Wahl für echte Fans von Secondhandkleidung. Free'P'Star hat drei Läden im Herzen des Marais und ist eine Pariser Institution. Hier können Sie Vintagestücke, aber auch Neuwertiges finden. Kommen Sie montags oder dienstags, wenn neue Stücke geliefert werden. Die Preise sind absolut erschwinglich und die Atmosphäre wirklich unglaublich.

5 Adressen für exklusive
FASHION
FÜR FRAUEN

---

241 **VALENTINE GAUTHIER**

88 bvd Beaumarchais
3. Arr. – Marais &
Bastille (RD) ③
+33 (0)1 7557 1433
www.valentine
gauthier.com

Ein großartiger Laden, um die eigene Garderobe mit schönen Stücken zu ergänzen. Die französische Designerin Valentine Gauthier verkauft eigene Kollektionen, die sie in ihrem Atelier fertigt. Die Mode ist feminin, urban, elegant, die Stoffe pur, aus Naturmaterialien.

244 FRENCH TROTTERS

242 SŒUR

88 rue Bonaparte
6. Arr. – Saint-Germain-des-Prés & Montparnasse (RG) ⑤
+33 (0)1 4634 1933
www.soeur-online.fr

Die Idee zu Sœur stammt von Domitille und Angélique Brion, die Zielgruppe sind Mädchen und junge Frauen zwischen 10 und 18 Jahren. Das Design balanciert zwischen Kindheit und Erwachsensein, dazu gehört auch eine Modelinie mit schicken Basics in zarten Farbtönen.

243 YSÉ

117 rue Vieille du Temple
3. Arr. – Marais & Bastille (RD) ③
+33 (0)1 4274 2271
yse-paris.com

Diese geschmackvolle Lingerie-Marke steht für Unterwäschekollektionen, die den Frauenkörper geschickt betonen, ohne dabei zu schummeln oder zu tricksen. Hübsche Farben, raffinierte Materialien und schmeichelnde Linien. Nicht weniger und nicht mehr.

244 FRENCH TROTTERS

128 rue Vieille du Temple
3. Arr. – Marais & Bastille (RD) ③
+33 (0)1 4461 001471
frenchtrotters.fr

Die elegante, zweistöckige Boutique bietet eine große Auswahl an Herren- und Damenbekleidung, Schuhen, Lederwaren, Kosmetik und Wohndeko von verschiedenen Marken. Möchten Sie die Essenz des Pariser Stils einfangen? Dann brauchen Sie nicht weiterzusuchen.

245 SÉZANE

1 rue Saint-Fiacre
2. Arr. – Louvre & Les Halles (RD) ②
www.sezane.com

Die junge Designerin Morgane Sézalory kreiert Kleidung und Accessoires, die zeitlos, poetisch und gleichzeitig feminin sind. Alles mit besonderer Aufmerksamkeit für die Details aber auch den Komfort sowie einem feinen Gespür für Modetrends. Ihre eleganten Entwürfe sind alltagstauglich und im schönen Laden L'Appartement zu sehen.

Die 5 besten Läden für
VINTAGECOUTURE

---

246 **BRUT**
3 rue Réaumur
3. Arr. – Marais &
Bastille (RD) ③
+33 (0)1 4370 5232
brut-clothing.com

Ein Laden im Marais, der eine gut zusammengestellte, individuelle Auswahl an Vintageherrenmode bietet und äußerst geschickt in Szene setzt: darunter US-Militärklamotten aus dem 2. Weltkrieg, Levis-Jeans aus den 1970ern und typisch amerikanische Collegejacken … Großartige Teile für jeden Tag.

247 **DIDIER LUDOT**
24 galerie de
Montpensier
1. Arr. – Louvre &
Les Halles (RD) ②
+33 (0)1 4296 0656

Didier Ludot eröffnete das Geschäft für Vintagecouture 1975 in den Gärten des Palais-Royal. Kleider, Taschen, Schuhe, Schmuck – er verkauft nur ikonische Stücke der besten Häuser wie Chanel, Yves Saint-Laurent, Courrèges und Hermès. Er hat eine treue internationale Kundschaft.

248 **MAMIE BLUE**
69 rue de
Rochechouart
9. Arr. – Montmartre (RD) ⑧
+33 (0)1 4281 1042
www.mamie-vintage.com

Die ultrastylische Brigitte wird Sie mit einem Lächeln in ihrem Fünfzigerjahre-Rock'n'Roll-Universum begrüßen. In dem zweistöckigen Geschäft finden Sie etwas für jede Gelegenheit, ob Hochzeit oder zum Ausgehen. Eine wahre Goldgrube für Brillen, Gürtel, Kleider, Hüte, Mäntel und sogar Golfhosen!

249 **MADEMOISELLE STEINITZ**
77 rue des Rosiers Saint-Ouen

Vintageboutique und Kuriositätenkabinett. Der richtige Ort, wenn Sie Kleidung von berühmten Modeschöpfern suchen, die mit zeitgenössischen Kunstwerken und alten Möbeln in einem überraschenden, persönlichen Ambiente präsentiert wird.

250 **FALBALAS**
FLOHMARKT SAINT-OUEN
MARCHÉ DAUPHINE,
STAND 284–285
140 rue des Rosiers Saint-Ouen
+33 (0)6 8915 8382
falbalas.puces.free.fr

Françoise und Erwan Fligué betreiben seit 2000 einen Stand im Marché Dauphine auf dem Flohmarkt von Saint-Ouen und gelten als Instanz, wenn es um historische Kostüme geht. Sie bedienen ihre Kunden sogar im Kostüm! Beide Stände – einer für Frauen, einer für Männer – werden von den bekanntesten Kostümbildnern besucht und sind voll mit Spitzen, Accessoires, Taschen und Kleidung vom 18. Jahrhundert bis in die 1980er-Jahre.

247 DIDIER LUDOT

Die 5 besten Adressen für
MÄNNERMODE

---

251 **MAISON KITSUNÉ**
52 rue de Richelieu
1. Arr. – Louvre &
Les Halles (RD) ②
+33 (0)1 4260 3428
www.kitsune.fr

Gildas Loaec, der aus der Bretagne stammt, und der Japaner Masaya Kurori haben 2002 Kitsuné eröffnet. Dieser Concept-Store kombiniert Musik mit Mode. Seitdem ist ihre Marke zu einer Institution geworden: Sie produzieren die Musik vielversprechender Künstler und entwerfen gleichzeitig die Art von Kleidung, ohne die kein Pariser Hipster leben kann ...

252 **DOURSOUX**
3 passage Alexandre
15. Arr. – Invalides &
Eiffelturm (RG) ④
+33 (0)1 4327 0097
www.doursoux.com

Dieser Laden ist vollgestopft mit Bekleidung für das Militär: Jacken, Fünfzigerjahre-Hosen für die französische *Armée de l'air* oder Helme für Mirage-Piloten. Hier findest Du alles für eine Kostümparty oder eine Wanderung unter extremsten Bedingungen.

253 BOON

9 rue de Lesdiguières
4. Arr. – Marais &
Bastille (RD) ③
+33 (0)9 6749 8780
www.boonparis.com

Dieses große Geschäft für Kunst, Mode und Design liegt nur wenige Gehminuten von der Place de la Bastille entfernt. Angesiedelt zwischen Concept-Store und Galerie, bietet es mit einer überraschenden, innovativen Auswahl eine moderne Sicht auf junge kreative Talente. Perfekt für Kleidung, Accessoires, Möbel, kleinere Einrichtungsgegenstände und Düfte.

254 CHARVET

28 place Vendôme
1. Arr. – Arc de
Triomphe, Champs-
Élysées & Grands
Boulevards (RD) ①
+33 (0)1 4260 3070
www.charvet.com

Dieser legendäre Hemdenschneider, gleich am Place Vendôme, ist auch die beste Adresse für Luxuskrawatten. Hier werden Tausende von verschiedenen Modellen verkauft, in unzähligen Farben, mit eleganten Mustern und in einer Vielfalt an Stilen. Die Anlaufstelle für Bräutigame, CEOs und Filmstars.

255 AMI

109 boulevard
Beaumarchais
3. Arr. – Marais &
Bastille (RD) ③
+33 (0)9 8327 6528
amiparis.com

Hier finden Sie Kleidung für jeden Anlass, die Inspiration für die Mode stammt von den Jungen und Männern, die man auf den Straßen von Paris sieht. Designer Alexandre Mattiussi hat einen relaxten, entspannten Stil für alle Männer geschaffen, die nicht darüber nachdenken möchten, was sie tragen oder wie sie es tragen. Ergattern Sie sich eines der bestickten Sweatshirts – die gehen weg wie warme Semmeln.

Die 5 schönsten
KURZWARENLÄDEN

---

256 LA MERCERIE DE CHARONNE
69 rue de Charonne
11. Arr. – Marais & Bastille (RD) ③
+33 (0)1 4355 3146
www.mercerie decharonne.fr

Der Eckladen mit der pinkfarbenen Ladenfront ist einer der billigsten Kurzwarenläden von Paris. Die freundliche Besitzerin verkauft an Modestudenten, Polsterer aus der Nachbarschaft sowie Designer und Hobbyschneiderinnen. Sie kommen in Scharen wegen der unglaublichen Auswahl an Knöpfen, Spitze, Schnittmustern und allerlei anderem.

257 LA MERCERIE PARISIENNE
8 rue des Francs Bourgeois (auf der Rückseite des Hofes)
3. Arr. – Marais & Bastille (RD) ③
+33 (0)1 4887 5898
lamercerie parisienne.com

Profis des gehobenen Schneiderhandwerks strömen schon seit vielen Jahren in diesen Kurzwarenladen, der im Maraisviertel in einem hübschen Hinterhof versteckt liegt. Hier können Sie sich mit Stoffen, Bändern, Borten, Posamenten, Knöpfen, Garnen und sämtlichem weiteren Zubehör eindecken, das man zum Stricken oder Nähen braucht.

258 **DAM BOUTONS**
46 rue d'Orsel
18. Arr. – Montmartre (RD) ⑧
+33 (0)1 5328 1951
www.damboutons.com

Bei Dam Boutons gibt Knöpfe nach Farben sortiert, in jeder Größe und Form. Formknöpfe, ausgefallene Knöpfe, in Holz oder Perlmutt … Hier werden Sie etwas finden, das Ihre Fantasie beflügelt.

259 **LA DROGUERIE**
9–11 rue du Jour
1. Arr. – Louvre & Les Halles (RD) ②
+33 (0)1 4508 9327
www.ladroguerie.com

Hier scheint die Zeit stehen geblieben zu sein. Dieser wunderschöne Kurzwarenladen mit seinen Holzregalen und Theken wurde über Jahre durch Mund-zu-Mund-Propaganda weiterempfohlen. Hier finden Sie tausendundein Zubehör zum Nähen: Knöpfe, Bänder, Quasten, Zierleisten, Zöpfe – zur Freude von Modedesignern und Hobbyschneidern.

260 **ULTRAMOD**
3–4 rue de Choiseul
2. Arr. – Louvre & Les Halles (RD) ②
+33 (0)1 4296 9830

In dieser winzigen hübschen Kurzwarenhandlung in Sentier, dem Pariser Textilviertel, ist alles akribisch sortiert. Die Rosa- und Pastelltöne tragen zur mädchenhaften Atmosphäre bei. Jeden Samstag Strick- und Nähkurse.

327 LES JARDINS DES HÔTELS D'ASSY ET DE BRETEUIL

90 ORTE, UM PARIS ZU ENTDECKEN

Die 5 markantesten **MODERNEN GEBÄUDE** — 152

Die 5 auffallendsten
ZEITGENÖSSISCHEN GEBÄUDE — 154

Die 5 eindrucksvollsten **HOCHHÄUSER** — 156

Die 5 schönsten **BRÜCKEN** — 158

Die 5 schönsten **METROSTATIONEN** — 160

Die 5 prächtigsten **BIBLIOTHEKEN** — 162

5 Orte, um die **PARISER GESCHICHTE**
kennenzulernen — 164

Die 5 schönsten **GOTTESHÄUSER**
und **TEMPEL** — 166

Die 5 charmantesten **PLÄTZE** — 168

5 Orte mit einer **TOLLEN AUSSICHT** ——— 171

5 **KAUM BEKANNTE STRASSEN** ——— 174

5 **VERSTECKTE DURCHGÄNGE** ——— 176

Die 5 besten **BUSSTRECKEN** ——— 178

5 **VERSTECKTE GÄRTEN** ——— 180

5 *alte* **REKLAMEWÄNDE,**
die man nicht verpassen sollte ——— 182

5 Orte mit **STREET-ART** ——— 184

Die 5 schönsten **SPAZIERGÄNGE** ——— 186

5 *Drehorte von* **KULTFILMEN** ——— 188

Die 5 markantesten
MODERNEN GEBÄUDE

---

261 **IMMEUBLE DE RAPPORT**
25bis rue Benjamin-Franklin
16. Arr.

Das 1903 erbaute Wohnhaus ist eines der bahnbrechenden Konstruktionen der modernen Architektur. Mit diesem Gebäude demonstrierte der Architekt Auguste Perret die neuen Möglichkeiten des Bauens mit einem Stahlbetonrahmen. Die Struktur der Fassade, reich verziert mit Fayenceziegeln, ist deutlich sichtbar. Ein Teil der Fassade schwingt zurück, was größere Fensterflächen ermöglicht und die Belichtung der Appartements verbessert.

262 **LA CITÉ UNIVERSITAIRE**
17 boulevard Jourdan
14. Arr.
+33 (0)1 4416 6400
www.ciup.fr

Der große Park beherbergt eine Siedlung mit 40 Häusern – für Studenten, Künstler, Forscher und Athleten aus aller Welt. Der Gebäudemix aus verschiedensten Architekturstilen macht einen Spaziergang durch den Park angenehm und lehrreich zugleich. Sehen Sie sich den Schweizer Pavillon an, der in den Fünfzigern von Le Corbusier und Pierre Jeanneret errichtet wurde, sowie den brasilianischen Pavillon, den Le Corbusier 1959 zusammen mit dem brutalistischen Architekten Lucio Costa baute.

263 IMMEUBLE À GRADINS

26 rue Vavin
6. Arr. – Saint-Germain-des-Prés & Montparnasse (RG) ⑤

1912/13 unterzeichnete der Architekt Henri Sauvage das Manifest für »hygienische Architektur«. Er erfand eine Stufenbauweise, die mehr Licht und Luft in die Wohnungen ließ, aber auch einige hygienische Probleme löste und Tuberkulose bekämpfte. Die Fassade ist mit weißen Keramikfliesen, »metro« genannt, verkleidet, die auch für die Wände der Pariser Metrostationen verwendet werden.

264 MAISON TRISTAN TZARA

15 avenue Junot
18. Arr. – Montmartre (RD) ⑧

Im Jahr 1926 ging der Wiener Architekt Adolf Loos nach Paris. In dieser Zeit entwarf er für seinen Freund, den Dada-Poeten Tristan Tzara, ein Haus. Der Architekt verdeutlichte damit eines seiner wichtigsten Architekturprinzipien: Einfachheit, hier in Gestalt einer Fassade ohne Ornament – ein starker Kontrast zu den umliegenden Häusern aus der Zeit der Jahrhundertwende.

265 L'HÔTEL-ATELIER DES FRÈRES MARTEL

10 rue Mallet-Stevens
16. Arr.

1927 weihte Robert Mallet-Stevens die nach ihm benannte Straße ein, für die er alle Gebäude entworfen hatte. Das Haus mit der Nummer 10 wurde für zwei Brüder, die Bildhauer Joël und Jan Martel, gebaut. Sie teilten sich ein Atelier, ihre Wohnungen aber waren durch eine Treppe zur Dachterrasse getrennt. Der Architekt wohnte in der Hausnummer 12.

Die 5 auffallendsten
ZEITGENÖSSISCHEN GEBÄUDE

---

266 **IMMEUBLE MOUCHOTTE**
26 rue du Commandant René Mouchotte
14. Arr. – Saint-Germain-des-Prés & Montparnasse (RG) ⑤

Die Fassade dieses Gebäudes wurde von der Webart eines schottischen Stoffes inspiriert. Das vom Architekten Jean Dubuisson entworfene Gebäude ist mit der Pariser Intelligenzia der Siebzigerjahre verbunden. Es wird wegen seiner aktiven Mietervereinigung »das Dorf« genannt. Jedes Jahr im Juni organisiert diese im Erdgeschoss *la fête Mouchotte*.

267 **FONDATION CARTIER**
261 boulevard Raspail
14. Arr. – Saint-Germain-des-Prés & Montparnasse (RG) ⑤
+33 (0)1 4218 5650
www.fondation.cartier.com

Das von Jean Nouvel entworfene und 1994 eingeweihte Stahl-Glas-Haus beherbergt eine der bedeutendsten privaten Stiftungen für zeitgenössische Kunst in Paris. Das Gebäude befindet sich in einem üppigen Garten. Der bemerkenswerteste Baum dort ist eine Libanon-Zeder, die 1825 von François-René de Chateaubriand gepflanzt wurde. Über dem Haupteingang wächst eine »grüne Wand«, die 1998 vom Botaniker und Gartenarchitekten Patrick Blanc geschaffen wurde.

268 SIÈGE DU PARTI COMMUNISTE FRANÇAIS
2 place du Colonel Fabien
19. Arr. – Belleville & Umgebung (RD) ⑨

Das fahnenförmige Gebäude des brasilianischen Architekten Oscar Niemeyer stammt aus dem Jahr 1971. Es wurde als Metapher für eine klassenlose Gesellschaft bewusst so konzipiert, dass eine Hierarchie der Räume vermieden wird. In struktureller Hinsicht gilt der Bau als revolutionär. Niemeyer arbeitete beispielsweise mit Jean Prouvé zusammen, der die Glasfassade entwarf.

269 HÔTEL FOUQUET'S BARRIÈRE
46 avenue Georges V
8. Arr. – Arc de Triomphe, Champs-Élysées & Grands Boulevards (RD) ①

Das Konzept des Architekten Edouard François bestand darin, den originalen Haussmann-Stil des benachbarten Gebäudeblocks nachzubilden und als Flachrelief auf die zu renovierenden Fassaden zu legen. Akzente setzen die modernen quadratischen Fensteröffnungen, die die »historische« Fassade durchbrechen, da sie auf die Struktur der modernen Räume abgestimmt sind.

270 CITÉ DE LA MODE ET DU DESIGN
34 quai d'Austerlitz
13. Arr. – Quartier Latin (RG) ⑦
www.citemodedesign.fr

Die alten Lagerhallen ähneln einem Betonkahn, der am Quai d'Austerlitz festgemacht hat, in den Achtzigern war hier die Heimat des Pariser Undergrounds. Im Jahr 2008 haben die Architekten Jakob+MacFarlane einen »Plug-Over« entworfen, der Aussehen und Form des Gebäudes mit einer leichten Struktur aus Metall und geätztem Glas veränderte. Heute sind die Docks ein beliebter Treffpunkt, mit Ausstellungsräumen, Geschäften und Cafés.

Die 5 eindrucksvollsten
HOCHHÄUSER

---

271 **TOUR ALBERT**
**33 rue Croulebarbe
13. Arr. – Quartier
Latin (RG) ⑦**

1959 fragte die Tageszeitung *Le Figaro* ihre Leser: »Möchten Sie im ersten Stock des Eiffelturms wohnen?« Damals zogen die ersten Bewohner in diesen einzigartigen Wolkenkratzer ein. Die Terrasse im sechsten Stock wurde mit einem Fresko von Jacques Lagrange dekoriert, der gemeinsam mit anderen die Kulissen für die Filme von Jacques Tati entwarf. Das Gebäude ist nach seinem Erbauer, dem Architekten Edouard Albert, benannt.

272 **TOUR SUPER-ITALIE**
**121–127 avenue
d'Italie
13. Arr. – Quartier
Latin (RG) ⑦**

Seit 1972 überragt der 112 Meter hohe Turm, der als »tour ronde« bekannt ist, das 13. Arrondissement. Dank des französischen Architekten Maurice Novarina haben die Bewohner ein Hallenbad und ein Solarium im obersten Stockwerk.

273 **TOUR FIRST**
**1–2 place des Saisons
Courbevoie**

Der 1974 entworfene Wolkenkratzer wurde von 2007 bis 2011 zu einem der höchsten Gebäude in Paris umgebaut. Seitdem ist er der »Wettermann« der Bürostadt La Défense. Die Beleuchtung des Gebäudes ändert sich, um das Wetter am nächsten Tag anzuzeigen: Gelb bis Orange für Sonne, Flackern, wenn es regnen wird.

274 **FLOWER TOWER**
**23 rue Albert Roussel
17. Arr.**

Dieser Wolkenkratzer verkörpert die Sehnsucht nach Natur in der Stadt. Der Architekt Édouard François ließ sich von traditionellen Pflanzgefäßen inspirieren und entwarf ein Gebäude mit riesigen Blumentöpfen, die mit Bambus bepflanzt sind. Die Bewohner werden dadurch vor der Sonne geschützt. Um die Balkone nicht übermäßig zu belasten, wurden die Pflanzgefäße aus faserverstärktem Beton hergestellt, einem widerstandsfähigen und leichten Material.

275 **TOUR TOTEM**
**57 quai de Grenelle
15. Arr. – Invalides &
Eiffelturm (RG) ④**

Der von den Architekten Michel Andrault und Pierre Parat errichtete Wolkenkratzer ist ein Wohnhochhaus mit 207 Wohnungen auf 31 Etagen. Die Struktur des Gebäudes ist spektakulär. Die Wohnungen befinden sich in den Stahl- und Glaskuben, die an einem sichtbaren Gitter aus vier Säulen und 14 m langen, auskragenden Balken befestigt sind.

Die 5 schönsten
BRÜCKEN

---

276 **PASSERELLE SIMONE-DE-BEAUVOIR**
Parc de Bercy
13. Arr. – Quartier Latin (RG) ⑦

Diese Fußgängerbrücke wurde vom Architekten Dietmar Feichtinger entworfen und 2006 eingeweiht. Sie verbindet den Vorplatz der Bibliothèque nationale François Mitterrand am linken mit dem Parc de Bercy am rechten Ufer.

277 **PONT NEUF**
Rue Dauphine
6. Arr. – Saint-Germain-des-Prés & Montparnasse (RG) ⑤

Anders als der Name vermuten lässt, ist die Pont Neuf (neue Brücke) die älteste Brücke in Paris. Im 16. Jahrhundert erbaut, war sie die erste Steinbrücke, die die gesamte Breite der Seine überquerte und das linke Ufer mit dem rechten und dem westlichen Teil der Île de la Cité verband. Sie war auch die erste Brücke ohne Bebauung mit Häusern.

278 **PASSERELLE DEBILLY**
Avenue de New-York
8. Arr. – Arc de Triomphe, Champs-Élysées & Grands Boulevards (RD) ①

Spazieren Sie auf dieser Brücke vom Palais de Tokyo und dem Musée d'Art Moderne zum Musée du Quai Branly. Angesichts des modernen Erscheinungsbildes würde man nicht vermuten, dass diese Brücke für die Besucher der Weltausstellung von 1900 gebaut wurde.

279 **PONT SAINT-LOUIS**
Rue du Cloître Notre-Dame (Île de la Cité) & Rue Jean du Bellay (Île Saint-Louis)
Île de la Cité & Île Saint-Louis ⑥ ⑦

Pont Saint-Louis, eine schlichte, moderne Brücke, verbindet die Île de la Cité mit der Île Saint-Louis. Weil die Brücke autofrei ist, kann man ganz in Ruhe zwischen Touristen und Künstlern umherspazieren.

280 **PASSERELLE DU PARC DES BUTTES-CHAUMONT**
EINGANG: 1 RUE BOTZARIS
19. Arr. – Belleville & Umgebung (RD) ⑨

Auf der von Gustave Eiffel gebauten Hängebrücke des Parc des Buttes-Chaumont können Sie den See in 8 Meter Höhe überqueren. Genießen Sie Sie den Blick auf den See (wenn Sie keine Höhenangst haben): Sie sehen die Schatten der Fische, wie sie durch das Wasser huschen, und die Schildkröten, die sich in der Sonne wärmen. Die zweite, etwas versteckt im Grünen gelegene, 22 Meter hohe Steinbrücke über den See heißt Pont des Suicidés.

278 PASSERELLE DEBILLY

Die 5 schönsten
METROSTATIONEN

---

281 KIOSQUE DES NOCTAMBULES
Place Colette
1. Arr. – Louvre & Les Halles (RD) ②

Der Eingang zur Metrostation Palais Royal-Musée du Louvre wurde von dem Künstler Jean-Michel Othoniel entworfen. Der Kiosque des Noctambules ist leicht an der Kuppel über der Treppe zu erkennen, die sechs Säulen werden von Aluminiumkugeln, die Kuppel von Kugeln aus Muranoglas ummantelt.

282 CONCORDE
Place de la Concorde
8. Arr. – Arc de Triomphe, Champs-Élysées & Grands Boulevards (RD) ①

Seit 1991 ist die Metrostation Concorde an der Linie 12 mit einer Keramikarbeit der Künstlerin Françoise Schein ausgestattet. Wenn Sie die blauen Buchstaben auf den weißem Fliesen zu Worten zusammensetzen, merken Sie, dass es sich um die *Déclaration des droits de l'homme et du citoyen* von 1789 handelt.

283 PASSY
Rue de l'Alboni
16. Arr.

Wenn man mit der Linie 6 von Passy aus über den Pont de Bir-Hakeim fährt, hat man links einen tollen Blick auf den Eiffelturm. Auf der Linie 5, zwischen Gare d'Austerlitz und Quai de la Rapée, bietet sich ein weiter Panoramablick auf die Nationalbibliothek, den Panthéon und den Centre Pompidou.

284 **ARTS ET MÉTIERS**
**Rue Turbigo
3. Arr. – Marais &
Bastille (RD)** ③

In der Haltestelle Arts et Métiers auf der Linie 11 sind Tunnel, Sitze und sogar Mülltonnen mit Kupferplatten bedeckt. Mit dieser Neugestaltung anlässlich des 200. Jahrestages des Conservatoire National des Arts et Métiers wurden die Autoren der Comicreihe *Les Cités Obscures*, Benoît Peeters und François Schuiten beauftragt. Reisende haben das Gefühl, in die Kulisse von *20 000 Meilen unter dem Meer* einzutauchen.

285 **CLUNY-LA SORBONNE**
**Boulevard Saint-
Michel – Boulevard
Saint-Germain
6. Arr. – Quartier
Latin (RG)** ⑦

Der Bahnhof Cluny – La Sorbonne der Linie 10 wurde 1988 vom Künstler Jean René Bazaine gestaltet. Das 400 m² große Mosaik besteht aus 60 000 glasierten Lavaziegeln aus Volvic und stellt zwei gigantische Vögel dar. Der Künstler entwarf auch das Lichtkonzept, das gedämpfter ist als in anderen Stationen.

281 KIOSQUE DES NOCTAMBULES

Die 5 prächtigsten
BIBLIOTHEKEN

---

286 **BIBLIOTHÈQUE FORNEY**

1 rue du Figuier
4. Arr. – Marais & Bastille (RD) ③
+33 (0)1 4278 1460

Die Bibliothèque Forney ist im Hôtel de Sens zu finden, einem der wenigen Zeugnisse der mittelalterlichen Profanarchitektur in Paris. Sie ist eine von mehreren Spezialbibliotheken der Stadt und der perfekte Ort zum Arbeiten. Der Schwerpunkt der Sammlung liegt auf Büchern über das Kunstgewerbe, das Kunsthandwerk, die Bildende Kunst und die Grafik. Mit den regelmäßig konzipierten Ausstellungen sollen die wertvolle Sammlung und das Kunsthandwerk beleuchtet werden.

287 **BIBLIOTHÈQUE SAINTE-GENEVIÈVE**

10 place du Panthéon
5. Arr. – Quartier Latin (RG) ⑦
+33 (0)1 4441 9797
www.bsg.univ-paris3.fr

Die Bibliothèque Sainte-Geneviève liegt neben dem imposanten Panthéon in einem Gebäude, das 1851 vom Architekten Henri Labrouste erbaut wurde und Stein mit Gusseisen kombiniert. Jeder Erwachsene mit Hochschulabschluss darf diese Bibliothek mit etwa zwei Millionen Büchern besuchen. Der rechteckige Lesesaal ist dank der vierzig großen Fenster entlang der gesamten Länge des Raumes gut belichtet.

288 BIBLIOTHÈQUE INHA
58 rue de Richelieu
2. Arr. – Louvre &
Les Halles (RD) ②
+33 (0)1 4703 7627

Die Sammlungen der Bibliothek des INHA (Institut national d'histoire de l'Art) können im grandiosen Lesesaal Labrouste eingesehen werden, der mit prächtigen Kuppeln auf filigranen Eisensäulen überwölbt ist. Studenten und Kunsthistoriker können mehr als eine Million Dokumente, eine digitale Bibliothek, Datenbanken und Online-Zeitschriften nutzen.

289 BIBLIOTHÈQUE MAZARINF
23 quai de Conti
6. Arr. – Saint-Germain-des-Prés &
Montparnasse (RG) ⑤
+33 (0)1 4441 4406
www.bibliotheque-mazarine.fr

Die Bibliothèque Mazarine ist die älteste öffentliche Bibliothek Frankreichs: Sie wurde 1643 eröffnet und entstand aus der Privatsammlung von Kardinal Mazarin. Heute verfügt sie über rund 600 000 Bände zur Religions-, Literatur- und Kulturgeschichte des Mittelalters. Die imposante Galerie der Bibliothek kann kostenlos besichtigt werden.

290 BIBLIOTHÈQUE HISTORIQUE DE LA VILLE DE PARIS
24 rue Pavée
4. Arr. – Marais &
Bastille (RD) ③
+33 (0)1 4459 2940

Die Bibliothèque Historique de la Ville de Paris steht für alle Geschichtsinteressierten offen. Hier finden sie Dokumente zur topographischen, politischen, religiösen, sozialen und kulturellen Geschichte der Stadt. Die Bibliothek befindet sich im Zentrum vom Marais im Hôtel Renaissance d'Angoulême Lamoignon. Die Baudekoration mit Halbmonden und den Hunde- und Hirschköpfen verweisen auf Diane de France, die einst hier lebte und die Jagd liebte.

5 Orte, um die
PARISER GESCHICHTE
kennenzulernen

---

291 **PAVILLON DE L'ARSENAL**
21 boulevard Morland
4. Arr. – Marais & Bastille (RD) ③
+33 (0)1 4276 3397
www.pavillon-arsenal.com

Der Pavillon de l'Arsenal ist die perfekte Anlaufstelle für alle, die sich für die Architektur von Paris interessieren und mehr über ihre Geschichte, Entwicklung und Zukunft wissen möchten. Das Arsenal aus dem 19. Jahrhundert beherbergt seit 1988 ein Informations- und Dokumentationszentrum, eine Fotobibliothek, eine Buchhandlung sowie Dauer- und Wechselausstellungen.

292 **ROTONDE DE LA VILLETTE**
Place de la Bataille-de-Stalingrad
10. Arr. – Belleville & Umgebung (RD) ⑨

Die Rotonde de la Villette wurde zwischen 1784 und 1788 vom Architekten Claude Nicolas Ledoux entworfen. Ursprünglich befanden sich hier die Büros der *ferme générale* (Zoll und Verbrauchssteuern). Der Bau überlebte die Planungen von Baron Haussmann, der ihn abreißen wollte, sowie einen Brand während der Zeit von *La Commune* im Jahre 1871 und den Bau der umlaufenden U-Bahn-Linie 2. Heute befindet sich hier ein Restaurant namens La Rotonde.

293 RÉSERVOIR DE MONTSOURIS

**45 avenue Reille
14. Arr. – Saint-Germain-des-Prés & Montparnasse (RG) ⑤**

Langes, rasenbedecktes Gebäude mit zwei Pavillons entlang des chemin du parc Montsouris, das man vom Straßenrand in der Rue de la Tombe-Issoire aus sehen kann. Dieses Meisterwerk des Architekten Eugène Belgrand speichert 202 000 m³ Wasser, die aus Nemours, Provins, Fontainebleau und den Seinetälern stammen und 1/5 der Pariser Bevölkerung versorgen.

294 LA RUCHE

**2 passage Dantzig
15. Arr.**

Der dreistöckige Rundbau der 1902 vom Bildhauer Alfred Boucher gegründeten Künstlerkolonie La Ruche (Bienenkorb) liegt unweit vom Montparnasse. Das Atelierhaus, ähnlich dem Bateau-Lavoir in Montmartre (303, S. 162), ist noch heute von Künstlern bewohnt, die damit in die Fußstapfen von berühmten Künstlern wie Modigliani, Soutine, Brancusi, Léger und Chagall treten.

295 LES ARÈNES DE LUTÈCE

**47–59 rue Monge
5. Arr. – Quartier Latin (RG) ⑦**

Die Arena von Lutetia ist ein römisches Amphitheater aus dem 1. Jahrhundert n. Chr. Während des Baus der Philippe-Auguste-Mauer im 14. Jahrhundert wurde sie mit Erde verschüttet, aber beim Bau der Rue Monge wiederentdeckt. Dank der Unterstützung von Victor Hugo, der ihre historische Bedeutung hervorhob, blieb sie erhalten. Heute ist die Arena beliebt für ein Picknick oder zum Fußball spielen.

Die 5 schönsten

GOTTESHÄUSER *und* TEMPEL

---

296 ÉGLISE RUSSE ORTHODOXE SAINT-SERGE DE RADONÈGE

93 rue de Crimée
19. Arr. – Belleville & Umgebung (RD) ⑨
+33 (0)6 3268 4192
www.saint-serge.net

Am Fuße des Buttes-Chaumont, hinter einem Zaun und am Ende einer kleinen Allee, entdecken Sie eine Holzkirche in der Art russischer Kirchen. Sie wurde 1850 für die deutschen Arbeiter der Region Paris gebaut. Heute wird sie von russisch-orthodoxen Kirchgängern besucht, die während der Revolution von 1917 aus ihrer Heimat vertrieben wurden. Ein zeitloser, ruhiger Ort. Besuch nach Vereinbarung oder während der Sonntagsmesse.

297 ÉGLISE SAINT-GERMAIN DE CHARONNE

4 place Saint-Blaise
20. Arr. – Belleville & Umgebung (RD) ⑨
+33 (0)1 4371 4204
www.saintgermain decharonne.fr

Mit der Bäckerei und dem Café gegenüber der Kirche fühlt man sich hier wie auf einem Dorfplatz. Die restaurierte Kirche Saint-Germain de Charonne ist eine harmonische Kombination aus einem Glockenturm des 12./13. und einem Kirchenbau des 15. Jahrhunderts. Am reizvollen Garten des Pfarrhauses vorbei geht es zum Friedhof. Saint-Germain de Charonne ist eine der wenigen Kirchen in Paris, die ihren alten Friedhof behalten haben.

298 SYNAGOGUE DE LA RUE PAVÉE

10 rue Pavée
3. Arr. – Marais & Bastille (RD) ③
+33 (0)1 4887 2154

Die Synagoge in der Rue Pavée liegt im Zentrum des Marais. Sie wurde 1913 vom Architekten Hector Guimard für Agudas Hakeholos, eine Vereinigung jüdisch-orthodoxer Gemeinden russischer Herkunft, entworfen. Heute kann man sie am Tag des offenen Denkmals (journées du patrimoine) besuchen. Nehmen Sie sich Zeit, die Vertikalität der 12 Meter hohen, geschwungenen Fassade zu bewundern.

299 TEMPLE GANESH

17 rue Pajol
18. Arr. – Belleville & Umgebung (RD) ⑨
+33 (0)1 4034 2189
www.templeganesh.fr

Von außen sieht das Gebäude modern aus, aber innen fühlt man sich wie in einem Tempel in Indien. Hier können Sie Altäre sehen, die Ganesh, Muruga und Shiva gewidmet sind und an denen die Gläubigen ihre Opfergaben hinterlassen. Dreimal täglich werden Zeremonien abgehalten. Der Tempel ist auch ein Ort der Solidarität und übernimmt soziale Funktionen.

300 GRANDE PAGODE DE VINCENNES

40bis route de la Ceinture du lac Daumesnil
12. Arr.

Die Pagode im Bois de Vincennes ist Sitz des Internationalen Buddhistischen Instituts und der Buddhistischen Union Frankreichs. Sie liegt am Ufer des Lac Daumesnil im ehemaligen Pavillon von Kamerun, der vom Architekten Louis-Hippolyte Boileau für die Kolonialausstellung von 1931 erbaut wurde. Die Pagode wurde 1977 restauriert und in einen Ort des Gebetes umgewandelt. Hier befindet sich mit 9 Metern Höhe die größte Buddha-Statue Europas.

Die 5 charmantesten
PLÄTZE

---

301 **PLACE GUSTAVE TOUDOUZE**
9. Arr. – Montmartre (RD) ⑧

Der winzige, schattige Platz mit Zeitungskiosk, Wallace-Brunnen und Restaurants ist nach dem Schriftsteller und Journalisten Gustave Toudouze benannt und bei Einheimischen sehr beliebt. Winters wie sommers: Die Terrassen und die Lage des Platzes sind ideal für ein Frühstück oder einen Drink.

302 **PLACE SAINTE-MARTHE**
10. Arr. – Belleville & Umgebung (RD) ⑨

Nur einen Katzensprung vom pulsierenden Arbeiterviertel Belleville entfernt liegt dieser charmante, neu gestaltete Platz. Gourmet-Restaurants und Lebensmittelgeschäfte haben auf dem Platz und in den umliegenden Straßen eröffnet, was zur Attraktivität der Umgebung beiträgt.

302 PLACE SAINTE-MARTHE

303 **PLACE ÉMILE GOUDEAU**
18. Arr. – Montmartre (RD) ⑧

An diesem legendären Platz in Montmartre liegt der Eingang zum neu erbauten Künstlerhaus Bateau-Lavoir. Der alte Bau brannte 1970 nieder. Etwa zwanzig Künstler arbeiten heute hier. Perfekt für eine Verschnaufpause nach den vielen steilen Treppen.

304 **PLACE DAUPHINE**
1. Arr. – Île de la Cité & Île Saint-Louis ⑥

Dieser große, majestätische von Restaurants gesäumte dreieckige Platz, versteckt zwischen Pont Neuf und dem Palais de Justice, ist ein schöner Ort zum Verweilen. Hier sehen Sie Pétanque-Spieler oder Anwälte bei der Pause.

305 **PLACE FURSTENBERG**
6. Arr. – Saint-Germain-des-Prés & Montparnasse (RG) ⑤

Ein ikonischer Platz in Saint-Germain-des-Prés. Hier finden Sie viele der noblen Stoffhersteller, Designerläden, Galerien und Patisserien. Nach Einbruch der Nacht verwandelt sich der Platz in einen der romantischsten von Paris.

5 Orte mit einer
TOLLEN AUSSICHT

---

306 PARC DE BELLEVILLE

47 rue des
Couronnes
19. Arr. – Belleville &
Umgebung (RD) ⑨
+33 (0)1 4315 2020

Der Parc de Belleville erstreckt sich entlang des 108 Meter hohen Hügels von Ménilmontant-Belleville. Ganz oben ist eine Esplanade, von der aus man einen weiten Blick über Paris hat. Der Park wurde 1988 mit über 1200 Bäumen und Sträuchern, Stauden, Reben und Rosensträuchern gestaltet. Die Landschaftsgärtner haben auch einige Pinot-Meunier-Reben hinzugefügt, um an die Vergangenheit des Hügels als Weinberg zu erinnern. Kinder lieben den Spielplatz.

307 DER VORPLATZ VON SACRÉ CŒUR

35 rue du Chevalier
de la Barre
18. Arr. –
Montmartre (RD) ⑧
+33 (0)1 5341 8900
www.sacre-coeur-
montmartre.com

Mit 130,53 Metern liegt hier der höchste Punkt der Hauptstadt. Aber die Aussicht von Sacré-Cœur ist vermutlich auch die berühmteste und touristischste Ansicht von Paris. An klaren Tagen überblickt man die ganze Stadt, mit dem charmanten Montmartre zu Ihren Füßen, dem Gewerbeviertel im Osten und dem Eiffelturm in der Ferne. Fahren Sie mit der Standseilbahn, der Aufstieg damit ist genauso reizvoll wie die Aussicht.

307 BLICK VON SACRÉ CŒUR

308 **DIE KUPPEL VON PRINTEMPS**
64 boulevard Haussmann
9. Arr. – Arc de Triomphe, Champs-Élysées & Grands Boulevards (RD) ①

Vergessen Sie nach dem Einkaufen im Kaufhaus Printemps nicht, das oberste Geschoss zu besuchen, um die 16 Meter über der Brasserie La Coupole schwebende Glaskuppel zu sehen. Die Kuppel wurde 1923 nach einem Entwurf des Glasbläsermeisters Brière erbaut. Der Designer Didier Gomez hat die Brasserie 2006 neu gestaltet, seine zeitgenössischen Möbel passen perfekt zu der historischen Architektur.

309 **BLICK AUF DEN MONTMARTRE VOM LES BUTTES-CHAUMONT**
1 rue Botzaris
19. Arr. – Belleville & Umgebung (RD) ⑨
+33 (0)1 4452 2919

Wenn Sie Mut und Ausdauer haben, gehen Sie zum Parc des Buttes-Chaumont, um auf den grünen Hügel zum Temple de la Sibylle hochzusteigen, der 1869 vom Architekten Gabriel Davioud erbaut wurde. Sie werden mit einem herrlichen Blick auf den Montmartre und Sacré-Cœur belohnt.

310 **DER OBERSTE STOCK DES CENTRE POMPIDOU**
Place Georges-Pompidou
4. Arr. – Marais & Bastille (RD) ③
+33 (0)1 4478 1233
www.centre pompidou.fr

Wenn Sie den Centre Pompidou besuchen, sollten Sie unbedingt bis zur obersten Etage hochfahren. Die Terrasse des Restaurants Le Georges bietet einen wunderbaren Blick auf die Stadt. Wir empfehlen, statt des Aufzugs die Rolltreppen zu nehmen und den langsamen Aufstieg zu genießen. Denn dieser lässt einem Zeit, sich die Häuser rund um den Place Georges-Pompidou genauer anzusehen – bevor Sie schließlich den Panoramablick genießen können.

5
KAUM BEKANNTE STRASSEN

---

311 **SQUARE DE MONTSOURIS**
8–12 rue Nansoutis
14. Arr. – Saint-Germain-des-Prés & Montparnasse (RG) ⑤

Der Name dieser bezaubernden 1922 erbauten Privatstraße, die von einzelnen Häuschen gesäumt ist, bezieht sich auf den nahe gelegenen Montsouris-Park. Das spektakulärste Haus befindet sich am Ende der Straße, es wurde von Le Corbusier für seinen Freund, den Maler Amédée Ozenfant, errichtet. Ein weiterer Blickfang in der Straße ist das vom Architekten Gilbert Buisson entworfene Fachwerkhaus.

312 **LA CAMPAGNE À PARIS**
Place Octave Chanute
20. Arr. – Belleville & Umgebung (RD) ⑨

Das Bauensemble La Campagne à Paris liegt auf einem Hügel östlich von Paris. Die Straßenzüge werden von kleinen Backstein- und Bruchsteinhäusern mit Rosensträuchern an den Fassaden gesäumt. Die Anlage sollte ursprünglich Wohnraum für einkommensschwache Bevölkerungsschichten bieten: Die Gebäude wurden über einem alten Steinbruch errichtet – ein günstiger Baugrund. Nehmen Sie die Treppe zur Rue Irenée Blanc und erkunden Sie das idyllische, ländliche Viertel.

313 **RUE CRÉMIEUX**
**19 rue de Lyon
12. Arr. – Marais &
Bastille (RD)** ③

Nicht viele Touristen oder gar Pariser wissen, dass es diese kleine Fußgängerzone, nur ein paar Schritte vom Gare de Lyon entfernt, gibt. 35 frei stehende Häuser mit bunten Fassaden rahmen die Rue Crémieux. Hier könnte man fast glauben, sich in der Nähe des Portobellomarktes zu befinden – bei diesem Grün, Gelb, Rosa und Violett.

314 **RUE DES THERMOPYLES**
**32 rue Didot
14. Arr. – Saint-
Germain-des-Prés &
Montparnasse (RG)** ⑤

Ganz besonders reizend ist diese lange, schmale Kopfsteinpflastergasse, die von Privathäusern und Werkstätten gesäumt wird. Schlendern Sie durch diese zauberhafte Straße und Sie werden die Hektik der Stadt sofort vergessen. Überall sind Blumen und Pflanzen, die Katzen laufen frei herum und Pärchen gehen Hand in Hand.

315 **LA MOUZAÏA**
**19. Arr. – Belleville &
Umgebung (RD)** ⑨

Diese grüne Enklave in der Nähe des Parc des Buttes-Chaumont gleicht einer kleinen Insel. Es macht richtig Spaß, sich zwischen den winzigen Häusern, den Blumengärten und steilen gepflasterten Straßen zu verlaufen. Ursprünglich war das hier einmal preiswerter Wohnraum für die Arbeiterklasse, heute leben in diesem kleinen Dorf im Zentrum von Paris wohlhabendere Pariser.

5
VERSTECKTE DURCHGÄNGE

---

316 **COUR DE ROHAN**
Rue du Jardinet
6. Arr. – Saint-
Germain-des-Prés &
Montparnasse (RG) ⑤

Die Cour de Rohan liegt im Viertel Monnaie und ist eine Oase, weit weg vom Trubel der Boulevards Saint-Germain und Carrefour de l'Odéon. Erreichbar sind die drei Höfe über die Cour du Commerce-Saint-André oder die Rue du Jardinet. Die Passage ist jetzt nur noch für Bewohner geöffnet, aber vielleicht lässt Sie ja einer der Bewohner mit hineingehen.

317 **RUE DU CHAT QUI PÊCHE**
9 quai Saint-Michel
5. Arr. – Quartier
Latin (RG) ⑦

Diese verborgene Passage im Sorbonneviertel verbindet die Rue de la Huchette mit dem Quai Saint-Michel. Sie wurde 1540 erbaut, um den Anwohnern des Viertels den Zugang zur Seine zu ermöglichen. Der poetische Name bezieht sich wahrscheinlich auf ein Geschäft für Angelausrüstung, das sich hier befand. Eine der engsten Straßen von Paris.

318 **RUE BERTON**
Avenue de Lamballe/
Rue d'Ankara
16. Arr.

Der Gang durch diese winzige, gepflasterte Gasse versetzt Sie in die Vergangenheit. In der Mitte der Gasse sehen Sie einen Meilenstein, der die Grenze zwischen Auteuil und Passy markiert.

319 **PASSAGE DU GRAND-CERF**

145 rue Saint-Denis
2. Arr. – Louvre &
Les Halles (RD) ②

Diese Ladenpassage führt Sie von Montorgeuil nach Saint-Denis. Die Dachkonstruktion aus Gusseisen und Glas – mit 12 Metern die höchste in Paris – lässt viel Licht herein. Hier finden Sie Traditionsgeschäfte mit Kunsthandwerk sowie Möbel- und Designerläden.

320 **PASSAGE DAUPHINE**

30 rue Dauphine
6. Arr. – Saint-Germain-des-Prés &
Montparnasse (RG) ⑤

Die Passage Dauphine wurde 1825 erbaut und verbindet die Rue Dauphine mit der Rue Mazarine. Die Privatstraße befindet sich auf dem Gelände eines ehemaligen zwielichten Clubs in der Rue Dauphine, dessen Garten sich in die Rue Mazarine erstreckt. Nr. 20 ist ein Sprachinstitut. Das Hauptgebäude ist großteils entlang der mittelalterlichen Stadtmauer von Philippe Auguste (um 1200) gebaut.

319 PASSAGE DU GRAND-CERF

Die 5 besten
BUSSTRECKEN

---

321 LE 68

Die Linie 68 eignet sich perfekt, um einen besseren Einblick in die Vielfalt von Paris zu bekommen. Die Fahrt beginnt am Place de Clichy, dann geht es den Boulevard de Clichy hinunter, zum Moulin Rouge, dann an den Galeries Lafayette, am Place de l'Opéra und der Promenade des Louvre vorbei. Nach dem Musée d'Orsay fährt der Bus nach Saint-Germain-des-Prés. Dann geht es weiter entlang der Avenue Raspail, wo Sie das berühmte Hotel Le Lutetia sehen können.

322 LE 96

Die Linie 96 durchquert Paris von Süden nach Norden. Der Bus fährt am Tour Montparnasse ab, bald darauf können Sie kurz an der prächtigen Kirche Saint-Sulpice aussteigen. Dann durchqueren Sie die Île de la Cité und erreichen den Place des Vosges. Sie fahren an der Maison des Mettalos vorbei, der ehemalige Sitz der Metallarbeitergewerkschaft ist heute ein Kulturzentrum. Schließlich geht es nach Ménilmontant und zuletzt zur Porte des Lilas.

323 LE 95

Der Bus 95 startet an der Porte de Vanves in der Nähe des Parc Georges Brassens. Von dort geht es hinauf nach Montparnasse, dann folgt die Route der Rue Bonaparte mit ihren vielen Kunstgalerien. Weiter geht es zum Pont du Carrousel mit einem herrlichen Blick auf den Louvre. Danach fährt man Richtung Opéra und Saint-Lazare zur Place de Clichy und schließlich den Hügel von Montmartre hinauf bis zur Porte de Montmartre.

324 LE 80

Die Linie 80 fährt ab Porte de Versailles entlang der Rue de Vaugirard, der längsten Straße von Paris. Der Bus hält an der Militärakademie gegenüber dem Champs de Mars und dem Eiffelturm. Nachdem man die Pont de l'Alma überquert hat, erreicht man die Champs-Élysées auf der linken Seite, während der Bus um den Kreisverkehr herumfährt. Nach Saint-Lazare geht es die Rue de Caulaincourt hinunter. Die Endstation befindet sich am Rathaus des 18. Arrondissements.

325 BATOBUS
batobus.com

Sie können Paris auch vom Boot auf der Seine aus Paris besichtigen. Mit einem Ticket, das ein oder zwei Tage gültig ist, können Sie in aller Ruhe wo immer Sie wollen für Besichtigungen aussteigen. Das Boot hält am Eiffelturm, Musée d'Orsay, in Saint-Germain-des-Prés, am Jardin des Plantes, am Rathaus (Hôtel de Ville), am Louvre und den Champs-Élysées.

5
VERSTECKTE GÄRTEN

---

326 **JARDIN CATHERINE LABOURÉ**
29 rue de Babylone
7. Arr. – Invalides & Eiffelturm (RG) ④

Dieser, durch eine hohe Steinmauer von der Straße abgeschirmte Hausgarten ist mit Linden, Pappeln, Haselnussbäumen und Weinreben bepflanzt. Ursprünglich gehörte er der Gemeinschaft der Filles de la Charité, deren Kloster links vom Garten zu sehen ist.

327 **LES JARDINS DES HÔTELS D'ASSY ET DE BRETEUIL**
87 rue Vieille du Temple
3. Arr. – Marais & Bastille (RD) ③

Im Herzen des Marais liegen diese winzigen Stadtgärten, die im Zweiten Kaiserreich (1852–1870) in Mode waren und die ihre romantische Atmosphäre bewahren konnten. Ein Ort für Liebende, Jugendliche, Neugierige und Einheimische, um sich zu treffen oder etwas Ruhe zu finden. Die Gärten verzaubern mit ihrer Mischung aus seltenen Bäumen, blühenden Sträuchern und einem Bach.

328 **LE SQUARE DU VERT-GALANT**
Île de la Cité
1. Arr. – Île de la Cité & Île Saint-Louis ⑥

An der Westspitze der Île de la Cité gelegen, bietet dieser winzige Platz an der Seine einen fantastischen Blick auf den Louvre, das Hôtel de la Monnaie und den Pont Neuf. An sonnigen Tagen ist der Rasen voller Menschen beim Picknick.

329 **JARDIN ALBERT KAHN**
10–14 rue du Port
Boulogne-Billancourt

Der japanische Garten ist eine Hommage an Albert Kahn, den berühmten Bankier, der sein Leben dem Weltfrieden widmete und sein Vermögen dafür einsetzte. In Erinnerung an seine enge Verbundenheit mit Japan lädt dieser einzigartige Garten mit Brücken aus Holz, Bachläufen, den mit Steinen und rosa und roten Azaleen bedeckten Ufern zu einer Reise in das Land der aufgehenden Sonne ein.

330 **JARDIN SAINT-GILLES GRAND VENEUR**
IM DURCHGANG VON DER RUE VILLEHARDOUIN 12 ZUR KLEINEN RUE HESSE
3. Arr. – Marais & Bastille (RD) ③

Von der Straße aus ist dieser winzige Garten mitten in einem Wohnblock nicht zu sehen. Aber die Einheimischen kennen ihn gut und schätzen die erstaunliche Ruhe dieses Ortes. Die Lauben sind mit Kletterrosen bedeckt, auf den vier Rasenflächen stehen Steinbänke. Ein perfekter Platz für die Mittagspause und zum Zeitung lesen.

327 LES JARDINS DES HÔTELS D'ASSY ET DE BRETEUIL

5 alte
REKLAMEWÄNDE,
die man nicht verpassen sollte

---

331 **REKLAME BOWLING MOUFFETARD**
82 rue Mouffetard
5. Arr. – Quartier Latin (RG) ⑦

Die abblätternde Bemalung zeigt ein im Stil der Fünfzigerjahre gekleidetes Paar, umgeben von Bowlingkugeln und Pins. Sie blicken auf die andere Straßenseite. Diese Anzeige soll die Leute ermutigen, über die Straße zur Bowlingbahn zu gehen. Zögern Sie nicht, dem Ratschlag zu folgen!

332 **REKLAME KUB**
50 rue de Charonne
11. Arr. – Marais & Bastille (RD) ③

Diese Anzeige für die Brühwürfel Kub ist ein echtes Meisterwerk. Sie hat sich gut erhalten und bedeckt eine ganze Fassade. 1990 fügte der Künstler und Designer Christian Zeimert dieser gemalten Reklame aus dem 19. Jahrhundert ein heiteres Element hinzu: Jetzt heißt es »kiss me kub«.

333 **REKLAME CHOCOLATS ROZAN**
1 rue Marx-Dormoy
18. Arr. – Belleville & Umgebung (RD) ⑨

Früher einmal lud diese Wand zum Genießen ein – diese Anzeige lobte die Vorteile der Milchschokolade, die in den Pyrenäen hergestellt wurde. Anfang des 20. Jahrhunderts war die Marke sehr erfolgreich, später wurde sie von der Schweizer Firma Lindt übernommen.

334 REKLAME SUZE
**7 rue Barrault
13. Arr. – Quartier Latin (RG)** ⑦

Diese Likörreklame wurde auf den Giebel eines Gebäudes gemalt, sodass man sie sowohl von der Straße als auch von der Hochbahn aus sehen konnte. Heute ist sie teils mit Graffiti bedeckt und die Farben verblassen. Sie ist aber immer noch ein gutes Beispiel für die einst allgegenwärtige Werbung auf den Straßen der Stadt.

335 REKLAME SAVON CADUM
**5 boulevard Montmartre
2. Arr. – Louvre & Les Halles (RD)** ②

Nehmen Sie sich auf dem geschäftigen Boulevard einen Moment Zeit und werfen Sie einen Blick auf die 1912 von dem Maler und Feuerwehrmann Arsène-Marie gemalte Reklame, die kürzlich restauriert wurde. Ein Baby mit Locken lächelt vor blauem Hintergrund. Diese Illustration ist das Markenlogo der bekannten französische Seifenmarke Cadum.

335 REKLAME SAVON CADUM

5 Orte mit
STREET-ART

336 **SPACE INVADER**
www.space-invaders.com

Der berühmte Straßenkünstler hinterlässt seit über zehn Jahren seine kleinen Mosaiksteine in ganz Paris. Diese gepixelten Arbeiten sind von dem beliebten Videospiel *Space Invaders* inspiriert, das 1978 veröffentlicht wurde. Jeder »invader« ist einzigartig und fügt sich perfekt in die Stadt ein. Wenn Sie die Augen offen halten, sind die Chancen gut, dass Sie auf eines seiner stoßen, besonders im Nordosten von Paris.

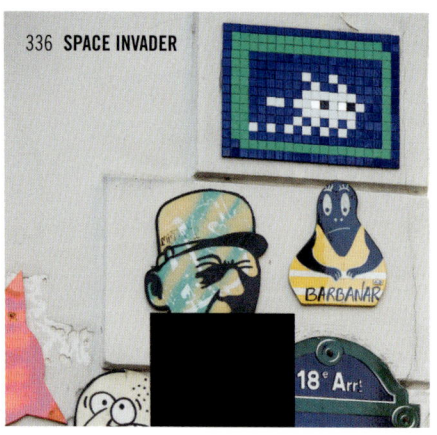

336 **SPACE INVADER**

337 **CYKLOP**
CITÉ DE L'AMEUBLEMENT
**29 rue de Montreuil/
Rue Cesselin
11. Arr. – Marais &
Bastille (RD)** ③
www.lecyklop.com

CyKlop ist das Pseudonym von Olivier d'Hondt, der mit seinen mit einem Stencil gemachten Graffiti der lustigen »CyKlops« die Stadtmöblierung in Paris beleben möchte. In der Cité de l'Ameublement hat er die 93 Anti-Parkpoller der sogenannten Zoostraße in Zebras, Krokodile, Giraffen, Leoparden und Frösche verwandelt.

338 **MISS.TIC**
*www.misstic
inparis.com*

Seit über dreißig Jahren hinterlässt die feministische Künstlerin mit Silhouetten von Femmes fatales ihre Spuren. Sie erweckt Wände zum Leben, vermittelt mit ihren Schablonen Botschaften und Maxime, die Sie herausfordern, stören oder auch zum Lächeln bringen. Die Stadtdichterin/Künstlerin arbeitet bevorzugt in den Straßen des 11., 13. und 20. Arrondissements.

339 **MUR JEF AÉROSOL**
**Rue du Cloître
Saint-Merri
4. Arr. – Marais &
Bastille (RD)** ③
www.jefaerosol.com

Das *CHUUUTTT!!!* des berühmten Graffitikünstler Jef Aérosol bedeckt eine komplette Fassade in der Nähe des Centre Pompidou. Ein Großteil seiner Arbeit ist den anonymen Menschen auf der Straße gewidmet: Musikern, Passanten, Bettlern und Kindern. Er malt lebensgroße Silhouetten in Schwarz-Weiß, immer in Kombination mit seinem charakteristischen roten Pfeil.

340 **STREET ART 13**
**13. Arr. – Quartier
Latin (RG)** ⑦
www.streetart13.fr

Das Viertel hat sich zu einer Open-Air-Werkstatt für Straßenkünstler entwickelt. Folgen Sie der Spur monumentaler Kunstwerke von 22 führenden Straßenkünstlern, darunter Shepard Fairey oder Space Invader.

Die 5 schönsten
SPAZIERGÄNGE

---

341 LA COULÉE VERTE
VIADUC DES ARTS
Avenue Daumesnil
12. Arr. – Marais & Bastille (RD) ③

Der »Grünzug« führt entlang der alten Eisenbahnlinie von der Bastille bis zur Porte de Vincennes. Die 4,5 km lange Strecke nutzt die Infrastruktur der einstigen Eisenbahn einschließlich der Tunnel und Brücken. Die Hälfte dieses grünen Korridors führt über die Stadt hinweg, etwa 10 Meter über den Straßen. Was für ein ein großartiges Gefühl, die Stadt hinter bzw. unter sich zu lassen, und im Grünen spazieren zu gehen!

342 LA BUTTE AUX CAILLES & LA POTERNE DES PEUPLIERS
Rue des Cinq Diamants
13. Arr. – Quartier Latin (RG) ⑦

Nutzen Sie einen schönen, sonnigen Tag, um in den Straßen von La Butte aux Cailles umherzuschlendern. Machen Sie einen Zwischenstopp zum Mittagessen in Cailloux, kaufen Sie etwas Honig in Les Abeilles. Auch abends ist es hier schön, wenn die jungen Leute auf den Hügel strömen. Etwas weiter unten liegt La Poterne des Peupliers, ein charmantes Ensemble von Arbeiterhäusern. Wir empfehlen einen Besuch im Bio-Restaurant La bonne heure.

343 PASSAGE BRADY
33 boulevard de Strasbourg
10. Arr. – Belleville & Umgebung (RD) ⑨

Die Passage Brady, die auch Little India genannt wird, hat eine ganz besondere Atmosphäre. Es ist fast so, als würde man sich nach Indien wagen. Die Besitzer der verschiedenen Restaurants versuchen, Ihre Aufmerksamkeit auf die Vorzüge der Speisekarte zu lenken, mehrere Geschäfte verkaufen duftende Gewürze und hübsche Saris. Die bunten Blumengirlanden verleihen diesem Ort, der bei den Einheimischen beliebt ist, eine festliche Note. Exotik pur!

344 PROMENADE GOURMANDE
6. Arr. – Saint-Germain-des-Prés & Montparnasse (RG)
www.promenade dessens.fr

Gourmetspaziergänge sind eine tolle Möglichkeit, um Saint-Germain-des-Prés zu erkunden. Die originellen Führungen verbinden Infos zur Geschichte dieses legendären Viertels mit leckeren Zwischenstopps in exklusiven Geschäften, darunter Schokoladenhersteller, Patisserien und Feinkostläden. Ideal, um ein paar authentische Pariser Adressen kennenzulernen.

345 SPAZIERGANG ENTLANG LA PETITE CEINTURE
Place Balard
15. Arr. – Invalides & Eiffelturm (RG) ④

Diese während des Zweiten Kaiserreichs gebaute Eisenbahnlinie führte ursprünglich um die Hauptstadt herum. Heute ist ein Abschnitt von etwa einem Kilometer zu einem Wanderweg umgebaut. Obwohl die Bahnstrecke erhalten geblieben ist, ist sie inzwischen völlig überwachsen. Paris aus einer anderen Perspektive …

5 Drehorte von
KULTFILMEN

---

346 **PLACE SAINT-BLAISE**
20. Arr. – Belleville & Umgebung (RD) ⑨

Die letzten Szenen des Films *Les tontons flingueurs* von Georges Lautner (1963) – mit großartigen, französischen Schauspielern wie Lino Ventura und Claude Rich – wurden in und um die Kirche Saint-Germain-de-Charonne am place Saint-Blaise gedreht. Machen Sie eine kleine Pilgerreise an diesem Ort und spüren Sie die Atmosphäre dieses legendären Films.

347 **LE TRAIN BLEU**
GARE DE LYON
**Place Louis-Armand
12. Arr. – Marais & Bastille (RD)** ③
+33 (0)1 4343 0906
www.le-train-bleu.com

Das berühmte Restaurant im Gare du Lyon diente 1990 als Kulisse für eine wichtige Szene in Luc Bessons Film *Nikita*. Darin erhält Nikita, gespielt von Anne Parillaud, ein Geburtstagsgeschenk: Eine Waffe, mit der sie im Restaurant einen Mann töten muss. Das opulente Interieur verstärkt noch die ungeheuer dramatische Szene.

348 **DEYROLLE**
46 rue du Bac
7. Arr. – Saint-
Germain-des-Prés &
Montparnasse (RG) ⑤
+33 (0)1 4222 3007
www.deyrolle.com

In Woody Allens Film *Midnight in Paris* (2011) trifft Owen Wilson Marion Cotillard während einer Hochzeitsfeier in Deyrolle. Der berühmte Taxidermieladen, der einem wahren Kuriositätenkabinett gleicht, ist einer der vielen Pariser Orte, die der Regisseur in den Film integriert hat.

349 **RESTAURANT LA GRANDE CASCADE**
Bois de Boulogne
Allée de Longchamp
16. Arr.
+33 (0)1 4527 3351
www.restaurants
parisiens.com

In *Belle de Jour*, einem Film von Louis Buñuel (1967), arbeitet die Heldin, gespielt von Catherine Deneuve, nachmittags als Prostituierte. Sie trifft einen ihrer Kunden auf der Terrasse des La Grande Cascade, einem Restaurant im Bois de Boulogne. Der elegante Rahmen passt perfekt zu dieser diskreten Begegnung.

350 **LES PUCES DE SAINT-OUEN**
Saint-Ouen

LE DÔME
108 boulevard du
Montparnasse
6. Arr. – Saint-
Germain-des-Prés &
Montparnasse (RG) ⑤
+33 (0)1 4335 2581

L'OPÉRA GARNIER
8 rue Scribe
9. Arr. – Louvre &
Les Halles (RD) ②

Gleich mehrere Szenen im *Marathon Man*, einem Film von John Schlesinger (1976), unter anderem mit Dustin Hoffman, wurden in Paris gedreht. Zu den Kulissen gehören der Flohmarkt von Saint-Ouen, wo der unhöfliche Empfang durch die Standinhaber etwas übertrieben dargestellt ist, die legendäre Brasserie Le Dôme in Montparnasse und schließlich die Opéra Garnier mit dem großartig gefilmten Treppenhaus.

35 ORTE FÜR DEN KULTURGENUSS

Die 5 charmantesten **KLEINEN MUSEEN** —— 192

Die 5 schönsten **KÜNSTLERATELIERS** —— 194

Die 5 besten Galerien für
ZEITGENÖSSISCHE KUNST —— 196

Die 5 besten
KLASSISCHEN KUNSTGALERIEN —— 198

Die 5 besten Galerien für
ZEITGENÖSSISCHES DESIGN —— 200

Die 5 **INNOVATIVSTEN**
KULTURZENTREN —— 202

5 **KUNSTAUSFLÜGE**
in die Umgebung von Paris —— 204

Die 5 charmantesten
KLEINEN MUSEEN

---

351 **MUSÉE DES ARTS FORAINS**
53 avenue des Terroirs de France
12. Arr. – Quartier Latin (RG) ⑦
+33 (0)1 4340 1622
arts-forains.com

Die Sammlung dieses erstaunlichen Museums, das sich in einem ehemaligen Weinlager befindet, besteht aus Millionen von Raritäten und verträumten Objekten. Hier können Sie einen Elefanten-Heißluftballon und ein klavierspielendes Einhorn sehen oder vor sich hin träumen, während Sie einen Belle-Époque-Jahrmarkt mit seinen hölzernen Karussells betrachten. Dieser einzigartige Ort kann nur nach Vereinbarung besichtigt werden.

352 **MUSÉE ZADKINE**
100bis rue d'Assas
6. Arr. – Saint-Germain-des-Prés & Montparnasse (RG) ⑤
+33 (0)1 5542 7720
zadkine.paris.fr

Dieses kleine Museum, in der Nähe des Jardin du Luxembourg und von der Straße etwas zurückgesetzt, war die Heimat und das Atelier des Künstlers Ossip Zadkine, der hier von 1928 bis 1967 lebte und arbeitete. Der Skulpturengarten ist eine Oase der Ruhe und ein Ort der Erinnerung an diese bedeutende Figur der École de Paris.

353 MUSÉE DE LA CHASSE ET DE LA NATURE
62 rue des Archives
3. Arr. – Marais & Bastille (RD) ③
+33 (0)1 5301 9240
chassenature.org

Dieses Museum, das sich in einem Haus aus dem 17. und 18. Jahrhundert im historischen Maraisviertel befindet, sieht aus wie ein Privathaus. Das Museum stellt die Beziehung von Tieren und Menschen durch die Jahrhunderte in der bildenden und angewandten Kunst dar. Das Kuriositätenkabinett mit seiner Sammlung seltener Artefakte und zeitgenössischer Kunstwerke ist einen Besuch wert.

354 GALERIE-MUSÉE BACCARAT
11 place des États-Unis
16. Arr. – Arc de Triomphe, Champs-Élysées & Grands Boulevards (RD) ①
+33 (0)1 4022 1100
baccarat.fr

Das einstige Zuhause von Marie-Laure de Noailles, die hier die großartigsten Partys veranstaltete, ist heute die Heimat des Hauses Baccarat. Wechselausstellungen erzählen die Geschichte dieses außergewöhnlichen Kristallherstellers. Obwohl ein wenig kitschig geraten, ist dieses opulente Museum sehr beeindruckend.

355 MUSÉE NISSIM DE CAMONDO
63 rue Monceau
8. Arr. – Arc de Triomphe, Champs-Élysées & Grands Boulevards (RD) ①
+33 (0)1 5389 0640
www.lesarts decoratifs.fr

Das Museum, das sich in einem Privathaus mit Blick auf den Parc Monceau befindet, wurde 1912 von René Sergent auf Wunsch des einzigen Sohnes des Grafen Nissim de Camondo, Moïse, errichtet. Es beherbergt eine beeindruckende Sammlung von Möbeln und Objekten des 18. Jahrhunderts. Man besucht dieses prächtige Herrenhaus Zimmer für Zimmer, von der Küche und der Wäscherei bis hin zu den Empfangsräumen und den privaten Zimmern.

Die 5 schönsten
KÜNSTLERATELIERS

---

356 MUSÉE EUGÈNE DELACROIX
6 rue de Fürstenberg
6. Arr. – Saint-Germain-des-Prés & Montparnasse (RG) ⑤
+33 (0)1 4441 8650
musee-delacroix.fr

Das Eugène-Delacroix-Museum befindet sich im Wohnhaus und Atelier des Malers, mit Blick auf den herrlichen Privatgarten. Diese grüne Oase im Herzen von Saint-Germain-des-Prés ist eine Ort der Stille, so wie es sich der Künstler erhofft hatte. Die Blumenbeete, die nach Illustrationen reproduziert wurden, sind genau so, wie der Künstler sie ursprünglich haben wollte und spiegeln seine Leidenschaft für die Natur wider. Bänke laden die Besucher ein, die Ruhe zu genießen.

357 FONDATION DUBUFFET
137 rue de Sèvres
6. Arr. – Saint-Germain-des-Prés & Montparnasse (RG) ④
+33 (0)1 4734 1263
dubuffetfondation.com

Nur wenige kennen dieses Atelier, das eines der eindrucksvollsten in Paris ist. Das riesige, mit einem Oberlicht belichtete Atelier des Künstlers Jean Dubuffet befindet sich in einem Privathaus am Ende einer Gasse. Heute wird es als ständiger Ausstellungsraum genutzt, in dem die Werke des Malers, Bildhauers und Aktionskünstlers sowie Aushängeschildes der Art-brut-Bewegung ausgestellt werden.

358 MUSÉE BOURDELLE
18 rue Antoine
Bourdelle
15. Arr. – Invalides &
Eiffel Tower (RG) ④
+33 (0)1 4954 7373
www.bourdelle.paris.fr

Dieses Museum würdigt das Leben und Werk des Künstlers Antoine Bourdelle. Die Zeit scheint in diesem Bildhaueratelier, das nur einen kurzen Spaziergang von Montparnasse entfernt liegt, stehengeblieben zu sein. Der Ofen, der große Holztisch und die Hocker sind immer noch da. Die Atmosphäre in diesem Studio ist einzigartig und dient der Ruhe und Meditation.

359 APPARTEMENT-ATELIER DE LE CORBUSIER
24 rue Nungesser et Coli
16. Arr.
+33 (0)1 4288 7572
fondationlecorbusier.fr

Nicht viele Menschen kennen Wohnung und Atelier von Le Corbusier. Und doch können Sie die Wirkungsstätte des Meisters nach Vereinbarung besuchen. Diese Wohnung zu entdecken, die gänzlich vom Architekten entworfen wurde und in der er bis zu seinem Tod lebte, ist eine innige und überwältigende Erfahrung. Seine Lieblingsmöbel und -farben, die Proportionen … alles ist da.

360 MUSÉE NATIONAL GUSTAVE MOREAU
14 rue Catherine de la Rochefoucauld
9. Arr. – Montmartre (RD) ⑧
+33 (0)1 4874 3850
musee-moreau.fr

Das ehemalige Atelier des Symbolisten nimmt den gesamten zweiten Stock seines Wohnhauses ein, das heute ein Museum ist. Eine eindrucksvolle Wendeltreppe verbindet den großen Saal/Atelier mit dem dritten Stock und den zwei kleinen Ausstellungsräumen. Die roten Wände sind von oben bis unten mit den Gemälden des Künstlers bedeckt, ähnlich der Hängung von Gustave Moreau im 19. Jahrhundert, was eine ganz besondere Atmosphäre erzeugt.

Die 5 besten Galerien für
ZEITGENÖSSISCHE KUNST

---

361 **GALERIE KAMEL MENNOUR**

47 rue Saint-André des Arts
6. Arr. – Saint-Germain-des-Prés & Montparnasse (RG) ⑤
+33 (0)1 5624 0363
kamelmennour.com

Die Galerie des energischen Kamel Mennour befindet sich im Herzen von Saint-Germain-des-Prés, im Hôtel de La Vieuville. Mennour zeigt Arbeiten von aufstrebenden Künstlern wie auch von berühmten internationalen Malern, darunter Anish Kapoor, Lee Ufan und Daniel Buren. Der zweite, kürzlich eröffnete Galerieraum ist zwei Straßen entfernt.

362 **GALERIE PERROTIN**

76 rue de Turenne
3. Arr. – Marais & Bastille (RD) ③
+33 (0)1 4216 7979
perrotin.com

Diese trendige Galerie verfügt über drei Räume im Marais. Auch wenn die Räume etwas einschüchternd wirken, lohnt sich der Weg, denn hier kann man die Werke aller führenden zeitgenössischen Künstler sehen.

363 **GALERIE THADDAEUS ROPAC**

7 rue Debelleyme
3. Arr. – Marais & Bastille (RD) ③
+33 (0)1 4272 9900
ropac.net

Eine weitere namhafte Galerie, die international renommierte Künstler wie Gilbert & George sowie junge Talente und einige Designer vertritt. Die großzügigen Proportionen des Galerieraumes sorgen für eine intensive Ausstellungserfahrung.

364 **POLKA GALERIE**
Cour de Venise
12 rue Saint-Gilles
3. Arr. – Marais &
Bastille (RD) ③
+33 (0)1 7621 4130
polkagalerie.com

Die Polka Galerie stellt die Arbeiten französischer und internationaler Fotografen aus, die Fragen zu den Herausforderungen der zeitgenössischen Fotografie aufwerfen. Die Galerie, die in einem schönen Innenhof im Marais liegt, hat auch einen Buchladen, der auf Fotobücher spezialisiert ist.

365 **GALERIE MARIAN GOODMAN**
79 rue du Temple
3. Arr. – Marais &
Bastille (RD) ③
+33 (0)1 4804 7052
mariangoodman.com

Die führende amerikanische Galeristin vertritt mehrere bedeutende zeitgenössische Künstler wie John Baldessari oder Tony Cragg sowie Christian Boltanski und Annette Messager aus der französischen Kunstszene.

362 GALERIE PERROTIN

Die 5 besten

KLASSISCHEN KUNSTGALERIEN

---

366 **GALERIE CHEVALIER**
   25 rue de Bourgogne
   7. Arr. – Invalides &
   Eiffel Tower (RG) ④
   +33 (0)1 4260 7268
   galerie-chevalier.com

Die Galerie Chevalier befindet sich am Quai Voltaire, im Herzen der prestigeträchtigen Gegend »Carré Rive Gauche«, in der sich viele Antiquitätenhändler befinden. Das Familienunternehmen ist seit vier Generationen auf antike, moderne und zeitgenössische Tapisserien spezialisiert.

367 **GALERIE 54**
   10 rue Mallet-Stevens
   16. Arr.
   +33 (0)1 4326 8996
   galerie54.com

Diese Galerie hat sich auf dekorative Kunst und Design des 20. Jahrhunderts spezialisiert. Sie liegt im Hôtel Martel, einem der Meisterwerke des Architekten Robert Mallet-Stevens im Stil der klassischen Moderne. Heute gehört das perfekt erhaltene Stadthaus von 1926/27 dem Galeristen und Sammler Eric Touchaleaume, der den Raum als Schaufenster für die Werke berühmter Designer des 20. Jahrhunderts nutzt, darunter Jean Prouvé und Le Corbusier. Besichtigung nur nach Vereinbarung von Montag bis Freitag.

368 LA GALERIE STEINITZ
77 rue Royale
8. Arr. – Arc de Triomphe, Champs-Élysées & Grands Boulevards (RD) ①
+33 (0)1 5643 6670
steinitz.fr

Die berühmte Galerie Steinitz ist weltweit bekannt für ihre Raritäten und die unvergleichliche Präsentation. Die Holzvertäfelungen ergänzen sich wunderbar mit den europäischen, asiatischen (vor allem indischen) Kunstwerken aus der Zeit vom Mittelalter bis ins 20. Jahrhundert.

369 GALERIE J. KUGEL
25 quai Anatole France
7. Arr. – Invalides & Eiffel Tower (RG) ④
+33 (0)1 4260 8623
galeriekugel.com

Diese Galerie im Hôtel Collot am Ufer der Seine ist eine der schönsten in Paris. Jeder Raum hat seine eigene Atmosphäre, die perfekt zu den ausgestellten Kunstwerken aus verschiedenen Epochen passt. Schmuck, Möbel, Skulpturen, Gemälde und andere Kostbarkeiten sind an diesem zeitlosen Ort vereint. Ein Muss für Sammler und Kuratoren.

370 GALERIE GRADIVA
9 quai Voltaire
7. Arr. – Saint-Germain-des-Prés & Montparnasse (RG) ⑤
+33 (0)1 4261 8206
galeriegradiva.com

Diese renommierte Galerie, die sich in einem Herrenhaus gegenüber des Louvre befindet, wird von Thomas Bompard geleitet, einem jungen Kunstexperten, der sich auf Impressionismus und zeitgenössische Kunst spezialisiert hat. Das majestätische Treppenhaus, die fünf aufeinander folgenden Salons, die Bibliothek, der afrikanische Raum und der Speisesaal dienen als Kulisse für eine Reihe von eklektischen Ausstellungen, die Werke von musealer Qualität, Gemälde und Skulpturen sowie Manuskripte vereinen.

Die 5 besten Galerien für
ZEITGENÖSSISCHES DESIGN

---

371 **CARPENTERS WORKSHOP GALLERY**
54 rue de la Verrerie
4. Arr. – Marais & Bastille (RD) ③
+33 (0)1 4278 8092
www.carpenterswork shopgallery.com

Loïc Le Gaillard und Julien Lombrail, die jungen Gründer dieser Galerie zwischen Marais und Centre Pompidou, verkaufen Möbel an der Schnittstelle von Kunst und Design. Sie nennen diese Arbeiten gerne »utilitaristische Skulpturen«. In dem sich über drei Etagen erstreckenden Raum werden Arbeiten international renommierter zeitgenössischer Designer gezeigt, denen die Galeristen völlig freie Hand lassen.

372 **GALERIE KREO**
31 rue Dauphine
6. Arr. – Saint-Germain-des-Prés & Montparnasse (RG) ⑤
+33 (0)1 5310 2300
www.galeriekreo.com

Die Galerie bzw. der »Versuchsraum« wird von Clémence und Didier Krzentowski geleitet. Sie präsentieren exklusive limitierte Editionen von Designern wie Ronan und Erwan Bouroullec, Konstantin Grcic, Jasper Morrison und Marc Newson. Zusätzlich forschen sie zur Designgeschichte und sind weltweit für ihr Know-how bekannt. Die Galerie dient Sammlern und Museen als Ideengeber.

373 GALERIE GOSSEREZ
3 rue Debelleyme
3. Arr. – Marais &
Bastille (RD) ③
+33 (0)9 5330 1078
galeriegosserez.com

In nur wenigen Jahren ist es der Galerie von Marie-Bérangère Gosserez gelungen, zu einer Plattform für eine neue Generation talentierter Designer zu werden. Gosserez' einzigartiger Zugang und ihr Blick für aufstrebende Talente hat zu einer Reihe von Ausstellungen geführt, die nicht dem aktuellen Trend folgen, wobei sich ihre Auswahl oft als sehr klug erwiesen hat. Der ideale Ort, um mit dem Sammeln zu beginnen!

374 GALERIE ARMEL SOYER
19–21 rue Chapon
3. Arr. – Marais &
Bastille (RD) ③
+33 (0)1 4255 4972
armelsoyer.com

Armel Soyer liebt das Kunsthandwerk und zeigt Werke von einer Handvoll zeitgenössischer Designer, deren kreativer Ansatz eine Hommage an die große Tradition der französischen Handwerkskunst ist. Lassen Sie sich nicht davon abhalten, dass die Galerie meist von Dekorateuren und Architekten besucht wird, der Besuch lohnt sich auf jeden Fall!

375 AMÉLIE, MAISON D'ART
18 rue Séguier
6. Arr. – Saint-
Germain-des-Prés &
Montparnasse (RG) ⑤
+33 (0)7 5687 9068
amelie-paris.com

Jedem, der ein Faible für Kunst, hochwertiges Design und Architektur hat, sei diese Kunstgalerie einer neuen Generation ans Herz gelegt. Der überwältigende Raum wurde wie eine Pariser Wohnung inszeniert, buchstäblich bereit, sie zu beziehen! Subtil, elegant und konsequent ist die Auswahl der ausgestellten Objekte und Möbelstücke. Vereinbaren Sie einen Termin für einen Wochentag, um das faszinierende »Kunsthaus« eine Weile zu genießen.

Die 5
INNOVATIVSTEN KULTURZENTREN

---

376 **CITÉ DE LA MODE ET DU DESIGN**
   34 quai d'Austerlitz
   13. Arr. – Quartier
   Latin (RG) ⑦
   +33 (0)1 7677 2530
   citemodedesign.fr

Die spektakuläre Außenfassade des Gebäudes wird dominiert von einer auffälligen Struktur, die einer riesigen grünen Schlange ähnelt. Das Zentrum bietet kreative Programme aus einem breiten Themenspektrum der Bereiche Kunst und Alltagskultur, die Ausstellungen präsentieren Werke aufstrebender Künstler, Formgestalter und Modedesigner. Abgerundet wird das Angebot durch eine Auswahl an Restaurants, Bars und Clubs sowie eine Panoramaterrasse.

377 **LE BAL**
   6 impasse
   de la Défense
   18. Arr. – Montmartre (RD) ⑧
   +33 (0)1 4470 7550
   le-bal.fr

Dieser Ballsaal aus den Goldenen Zwanzigern hat sich zu einem der modernsten Kulturräume der Stadt entwickelt. Die unabhängige Galerie hat sich der »Darstellung der Realität durch Bilder in all ihren Formen« gewidmet und organisiert Ausstellungen zu den Themen Video, Kino, neue Medien oder Fotografie. Auch die kleine Buchhandlung und das witzige Café Otto sind einen Besuch wert.

378 MEP
5/7 Rue de Fourcy
4. Arr. – Marais &
Bastille (RD) ③
mep-fr.org

Wenn Sie nach Paris reisen, sollten Sie unbedingt die Maison Européenne de la Photographie besuchen. In einem Stadthaus im Marais beleuchtet sie verschiedene Strömungen der Kunst und Werke bekannter Fotografen. Daneben finden regelmäßig Ausstellungen mit Arbeiten junger Fotokünstler statt.

379 LA GAÎTÉ LYRIQUE
3bis rue Papin
3. Arr. – Marais &
Bastille (RD) ③
+33 (0)1 5301 5200
gaite-lyrique.net

Besuchen Sie eine Ausstellung, ein Konzert, einen Vortrag oder eine Filmvorführung. In La Gaîté Lyrique, einem multidisziplinären Ort, der sich auf die digitale Kultur konzentriert, gibt es viel zu tun. Dieser Treffpunkt, wo man auch brunchen, Videospiele spielen oder sich über neue Technologien informieren kann, ist bei jungen hippen Parisern sehr beliebt.

380 LAFAYETTE ANTICIPATIONS
9 rue du Plâtre
4. Arr. – Marais &
Bastille (RD) ③
+33 (0)1 5740 6417
*www.lafayette
anticipations.com*

Lafayette Anticipations im Zentrum des Marais ist ein Ort der Begegnung und des Austauschs. Die Stiftung befindet sich in einem großen Industriegebäude, das von Rem Koolhaas neu gestaltet wurde. Lafayette Anticipations ist sowohl ein Ausstellungsraum als auch ein Arbeitsraum, da alle Objekte im Haus gefertigt werden. Es gibt auch einen Laden und ein Café.

5
KUNSTAUSFLÜGE
in die Umgebung von Paris

---

381 GALERIE THADDAEUS ROPAC
**69 avenue
du Général Leclerc
Pantin
+33 (0)1 5589 0110**
ropac.net

Galerist Thaddaeus Ropac hat nur wenige Kilometer außerhalb von Paris einen zweiten Ausstellungsraum eröffnet. Der renovierte Industriebau aus dem 20. Jahrhundert verfügt über vier große helle Räume, in denen die Galerie Ausstellungen veranstaltet. Ein herrlicher Tummelplatz für Künstler. Die Besucher fühlen sich ganz schön klein, wenn sie mit den überdimensionalen Kunstwerken konfrontiert werden.

382 GALLERIA CONTINUA
**46 rue de la
Ferté Gaucher
Boissy-le-Châtel
(Seine-et-Marne)
+33 (0)1 6420 3950**
galleriacontinua.com

Zweimal im Jahr organisiert die Galerie in der alten Mühle und den nahe gelegenen Hangars umwerfende Ausstellungen zeitgenössischer Kunst mit monumentalen Werken führender Künstler. Und warum sich nicht nach dem Besuch Zeit für ein Picknick am Flussufer nehmen?

383 GALERIE GAGOSIAN

4 rue de Ponthieu
8. Arr. – Arc de Triomphe, Champs-Élysées & Grands Boulevards (RD) ①
+33 (0)1 7500 0592
gagosian.com

Der bekannte Kunsthändler Larry Gagosian betreibt mehrere Galerien auf der ganzen Welt, so auch in Paris. In einem eleganten Stadtpalais nicht weit von den Champs-Élysées zeigt sie etablierte zeitgenössische Künstler und aufstrebende junge Talente. Monumentalere Werke präsentiert ein ebenso einzigartiger wie eindrucksvoller Industriebau nahe der Landebahn des Flughafens Le Bourget im Nordosten (26 Av. de l'Europe).

384 MAISON LOUIS CARRÉ

2 chemin du Saint-Sacrement
Bazoches-sur-Guyanne
+33 (0)1 3486 7963
maisonlouiscarre.fr

Dieses Haus wurde vom berühmten finnischen Architekten und Designer Alvar Aalto für den Kunsthändler und Sammler Louis Carré entworfen. Treten Sie ein in das Universum dieser beiden kultivierten Männer, denn das Innere ist erhalten geblieben, einschließlich der Möbel und der Kunstwerke – ein Gesamtkunstwerk! Jedes Wochenende von März bis November für Besucher geöffnet.

385 DOMAINE DE CHAMARANDE

38 rue du Commandant Arnoux
Chamarande
+33 (0)1 6082 5201
chamarande.essonne.fr

Das Chamarande-Anwesen, ein herrlicher, 98 Hektar großer Garten 35 km südlich von Paris, ist denkmalgeschützt und wird als »un Jardin remarquable« beschrieben. Hier können Sie picknicken, eine Radtour machen oder in der Sonne liegen. Dieser Ort ist auch dem zeitgenössischen Kunstschaffen gewidmet. Der Garten, das Schloss und die Orangerie beherbergen regelmäßig Ausstellungen zeitgenössischer Kunst.

411 SMALLABLE CONCEPT STORE

35 DINGE FÜR KINDER

Die 5 originellsten **UNTERNEHMUNGEN** *mit Kindern* —— 208

Die 5 schönsten **SPIELZEUGLÄDEN** —— 210

Die 5 tollsten **KOSTÜMLÄDEN** —— 212

Die 5 schönsten Parks für ein **PICKNICK** —— 214

Die 5 besten Orte für ein **MITTAGESSEN** *mit Kindern* —— 216

Die 5 coolsten Geschäfte mit **DESIGN FÜR KINDER** —— 218

5 besonders typische **PARISER GESCHÄFTE** *für Kinderkleidung* —— 220

Die 5 originellsten
UNTERNEHMUNGEN
mit Kindern

---

386 YOGAKURS FÜR KINDER/ELTERN
CHAPS
3 rue de la Pierre Levée
11. Arr. – Belleville & Umgebung (RD) ⑨
+33 (0)1 4338 1452
www.lasalleparis.com

Dieses Yoga- und Pilates-Studio bietet spielerische Yogakurse für Eltern und Kinder. Hier kann man einen Moment des Miteinanders und der Entspannung erleben und sich des Körpers und des umgebenden Raumes bewusst werden. Diese fröhliche Aktivität für Kinder ab 5 Jahren und deren Eltern lehrt auch, Energie zu kanalisieren.

387 OBST UND GEMÜSE SELBERPFLÜCKEN
LA FERME DE GALLY
RD 7 Route de Saint-Cyr-l'École vers Bailly
+33 (0)1 3963 3090
lesfermesdegally.com

Die perfekte Unternehmung, um jungen Städtern die verschiedenen Jahreszeiten und den Respekt vor Mutter Erde näher zu bringen. Ab April öffnet dieser Familienbetrieb seine Pforten zum Selberpflücken. Die Kinder lernen, Obst und Gemüse, Erdbeeren im Sommer und Kürbisse im Herbst zu sammeln, um sie dann zu Hause zu genießen.

388 MARINS D'EAU DOUCE

37 quai de la Seine
19. Arr. – Belleville &
Umgebung (RD) ⑨
+33 (0)9 7071 4060
marindeaudouce.fr

Alternativ zu den beliebten, touristischen Schiffen »Bateaux Mouches« bewegt man sich auf einem gemieteten Elektroboot (kein Führerschein erforderlich!) im eigenen Tempo auf den Kanälen von Paris. Man kann kleine mit Häppchen gefüllte Picknickkörbe mit an Bord nehmen: perfekt für eine Fahrt mit Freunden, einen romantischen Kurztrip oder Familienausflug. Alles, was Sie brauchen, um Ihre Suche nach den »Hidden Secrets« von Paris so angenehm wie möglich zu gestalten.

389 LA MAISON DES PETITS

5 rue Curial
19. Arr. – Belleville &
Umgebung (RD) ⑨
+33 (0)1 5335 5121
104.fr

Dieser familiäre und beruhigende Ort wurde ausschließlich für Kinder vom Babyalter bis zum Alter von 5 Jahren entworfen – das gibt es in Paris sehr selten. La maison des petits wurde von Matali Crasset erdacht, deren Begeisterung für Farbe und module Möbel bekannt ist. Hierher kommen Kinder, um zuzuhören, andere Kinder zu treffen und gemeinsam etwas zu erschaffen!

390 HIPPODROME DE VINCENNES

2 route de la Ferme
12. Arr.
+33 (0)1 4977 1717
letrot.com

Im Frühjahr veranstaltet das Hippodrom Paris-Vincennes am Abend spektakuläre Rennen. Ab 19 Uhr wird dieser Pilgerort des Trabrennens zu einer riesigen Freiluftbühne. Die Scheinwerfer entlang der Strecke machen das Rennen zu einem faszinierenden und elektrisierenden Ereignis. Ein einzigartiges Erlebnis, ein Spaß für Kinder und dazu noch erschwinglich.

Die 5 schönsten
SPIELZEUGLÄDEN

---

391 **VILLAGE JOUÉCLUB**
5 boulevard des Italiens
2. Arr. – Louvre & Les Halles (RD) ②
+33 (0)1 5345 4141
joueclub.paris

Der Village JouéClub liegt in der schmucken Passage des Princes. Das Geschäft ist für Paris ziemlich einzigartig, weil es aus gleich mehreren Spielzeugläden besteht. Perfekt, wenn Sie Geschenke für Kinder in unterschiedlichem Alter brauchen. Es gibt einen Holzspielzeugladen, einen Spielzeugladen für Kleinkinder, einen Playmobilladen, ein Kuscheltiergeschäft und sogar einen Laden, der nur Brettspiele und Puzzles verkauft.

392 PAIN D'ÉPICES

392 PAIN D'ÉPICES
29–33 passage Jouffroy
9. Arr. – Louvre & Les Halles (RD) ②
+33 (0)1 4770 0868
paindepices.fr

Dieses Geschäft in der hübschen Jouffroy-Arkade hat eine Fülle an Kostümen und Spielzeug für Menschen jeden Alters zu bieten. Pain d'épices ist vor allem für seine beeindruckende Auswahl an bezaubernden Möbeln für Puppenhäuser bekannt – deshalb besuchen vor allem kleine Mädchen den Laden so gerne.

393 SI TU VEUX (JOUER)
68 galerie Vivienne
2. Arr. – Louvre & Les Halles (RD) ②
+33 (0)1 4260 5997
situveuxjouer.com

Hier erhält man Spielzeug aus wahr gewordenen Kinderträumen: kleine Autos, Puzzles, Teeservices, Puppenkleider … und schöne Bücher, sorgfältig ausgewählt von der Besitzerin Madeleine. Versäumen Sie nicht das »Gänsespiel« oder »Entenangeln«: Zur Unterhaltung der jungen Kunden liegt hier das Hauptaugenmerk auf dem Spielen.

394 IL ÉTAIT UNE FOIS
1 Rue Cassette
6. Arr. – Saint-Germain-des-Prés & Montparnasse (RG) ⑤
+33 (0)1 4548 2120
www.neminemo.com

Seit über 30 Jahren gibt es dieses Spielwarengeschäft in Saint-Germain-des-Prés mit einer riesigen Auswahl an Figuren und tollen Kostümen sowie seltenen Teddybären, Einzelstücken, Künstlerpuppen und altem Spielzeug. Kinder und Sammler lieben diesen zauberhaften Laden.

395 VILAC
JARDINS DU PALAIS ROYAL
9 rue de Beaujolais
1. Arr. – Louvre & Les Halles (RD) ②
+33 (0)1 4260 0822
vilac.com

Seit 1911 entwirft und produziert Vilac Holzspielzeug für Kinder unter fünf Jahren. Im hübschen Laden in der Nähe des Palais-Royal finden Sie alles Mögliche wie z. B. Lernspielzeug für Babys, Autos, Dreiräder, Puzzles, Stapelspielzeug und Schachteln. Kinder und Eltern lieben das das formschöne Designs und die Farben.

Die 5 tollsten
KOSTÜMLÄDEN

---

396 AU CLOWN DE PARIS
160 avenue Ledru-Rollin
12. Arr. – Marais & Bastille (RD) ③
+33 (0)1 4009 7486
au-clown-de-paris.fr

Trotz der breiten Schaufensterfront ist der Laden selbst winzig klein und bis zur Decke mit Hüten, allerlei Zubehör und Hunderten von Kostümen für Erwachsene und Kinder gefüllt. Für jeden ist etwas dabei: Prinzessinnen, Piraten, Feen, Indianer und Märchenfiguren. Der sehr nette Besitzer hilft Ihnen gerne dabei, das Passende zu finden.

397 À LA POUPÉE MERVEILLEUSE
9 rue du Temple
4. Arr. – Marais & Bastille (RD) ③
+33 (0)1 4272 6346
www.alapoupee merveilleuse.com

Das älteste Kostümgeschäft in Paris, im Herzen des Marais gelegen, hat eine unglaubliche Auswahl an Zubehör für Partys oder zum Kostümieren zu bieten. Hier finden Sie ein riesiges Sortiment an Scherzartikeln, Luftschlangen, Masken, Perücken und Hüten für Kinder wie auch für Erwachsene.

398 **AU FOU RIRE**

22bis rue du Faubourg Montmartre
9. Arr. – Montmartre (RD) ⑧
+33 (0)1 4824 7582
www.aufourire.com

In diesem fröhlichen Laden finden Sie eine große Auswahl an Accessoires wie Masken, Perücken, Haarteile, Modeschmuck, Brillen und sogar Make-up und alles sehr erschwinglich. Wenn Sie es hier nicht finden, werden Sie es nirgends finden …

399 **SO FÊTE**

37 rue de la Chaussée d'Antin
9. Arr. – Arc de Triomphe, Champs-Élysées & Grands Boulevards (RD) ①
+33 (0)1 8832 1393
so-fete.com

Hier gibt es Fantasiekostüme aller Art neben Partyzubehör, Tischdekorationen oder Luftballons, die man vor Ort mit Helium aufblasen lassen kann: Bei So Fête finden Sie sämtliche Accessoires für eine gelungene (Themen-) Party, ob für Kinder, Jugendliche oder Erwachsene.

400 **AUX FEUX DE LA FÊTE**

135bis boulevard du Montparnasse
6. Arr. – Saint-Germain-des-Prés & Montparnasse (RG) ⑤
+33 (0)1 4320 6000
www.auxfeuxdelafete.com

Hier finden Sie alles, was Sie brauchen, um Ihre Verkleidung zu vervollständigen: Perücken, Brillen, Hüte, rote Nasen und sogar Plastikpfeifen! Der Laden hat auch sämtliches Zubehör fürs Dekorieren, falls Sie selbst eine Kostümparty veranstalten möchten.

Die 5 schönsten Parks für ein
PICKNICK

---

401 PARC MONTSOURIS
2 rue Gazan
14. Arr. – Saint-Germain-des-Prés & Montparnasse (RG) ⑤

Dieser große Park im Süden von Paris ist ideal für einen tollen Ausflug mit der Familie. Kinder werden erst nicht so recht wissen, wo sie anfangen sollen: Es gibt Ponyreiten, Spielplätze, große Rasenflächen, Karussells und Tunnel, die erkundet werden wollen. Der Eiswagen verkauft köstliches hausgemachtes Bio-Sorbet. An den Wochenenden kann viel los sein, aber einen Platz für die Picknickdecke werden Sie auf dem Rasen immer finden.

402 LES JARDINS DE BAGATELLE
IM BOIS DE BOULOGNE
Route de Sèvres
16. Arr.

Bagatelle gilt als eine der zehn schönsten Parkanlagen der Welt und ist auch der perfekte Platz für ein Picknick mit der Familie. Höhlen, Wasserfälle, ein Rosengarten, ein kleiner Wald und große Rasenflächen – das alles lädt zum Träumen und Entspannen ein. Ein weiterer Pluspunkt in diesem historischen Park sind die Pfauen, die sich hier frei bewegen dürfen und die die Kinder immer faszinierend finden.

403 **PARC DES BUTTES-CHAUMONT**
1 rue Botzaris
19. Arr. – Belleville & Umgebung (RD) ⑨
+33 (0)1 4452 2919

Dieser Park ist einer der größten in Paris, deshalb kann es manchmal etwas schwierig sein, sich zurechtzufinden. Aber man kann hier ganz hervorragend einen Spaziergang im Schatten machen, ein Picknick am Fuße eines alten Baumes oder eine wohlverdiente Pause im Café Rosa Bonheur. Kinder lieben es, die abschüssigen Rasenflächen herunterzurollen. Noch ein Vorteil sind die langen Öffnungszeiten am Sonntagabend.

404 **PARC FLORAL DE PARIS**
Route de la Pyramide/ Route du Camp de Manœuvre
12. Arr. (Vincennes)
+33 (0)1 4957 2484
parcfloraldeparis.com

Die Parkanlage im Bois de Vincennes bietet Kindern und Erwachsenen eine wundervolle Gelegenheit zu einem Ausflug ins Grüne. Der Pinienwald, die blumenreichen Haine, die weitläufigen Rasenflächen und die kleinen gemütlichen Ecken bieten viele Möglichkeiten für ein Picknick in einer bezaubernden Umgebung. Im Frühling, wenn die Beete bepflanzt werden, sind viele Picknickflächen gesperrt.

405 **JARDIN DES PLANTES**
47 rue Cuvier
5. Arr. – Quartier Latin (RG) ⑦
+33 (0)1 4079 5601
jardindesplantes.net

Dieser Garten beherbergt die Menagerie des Naturhistorischen Museums. Der Zoo wurde 1794 eröffnet und ist damit der älteste in Paris. Hier gibt es etwa 200 verschiedene Arten, ein Drittel davon ist vom Aussterben bedroht. Sie können sich Wildtiere, Reptilien, Affen und Papageien anschauen. Setzen Sie sich zum Mittagessen an einen der Picknicktische in der Mitte des Zoos.

Die 5 besten Orte für ein
MITTAGESSEN
mit Kindern

---

406 LE PAVILLON PUEBLA
39 avenue Simon Bolivar
19. Arr. – Belleville & Umgebung (RD) ⑨
+33 (0)1 4239 3420
leperchoir.fr/location/le-pavillon-puebla/

Dieses Ausflugslokal im Park von Buttes-Chaumont ist ein familienfreundlicher Ort. An sonnigen Tagen können Sie Ihr Frühstück oder den Tee im Freien, unter den Bäumen auf der Terrasse genießen. Man fühlt sich hier wie auf dem Land. Die Sonntage gehören den Kindern, da wird ein spezielles Menü und Unterhaltung für die Kleinen angeboten.

407 DALMATA
8 rue Tiquetonne
2. Arr. – Louvre & Les Halles (RD) ②
+33 (0)9 5459 1657
gruppodalmata.com

Die rosafarbene Pizzeria im Taschenformat mit Holzofen und riesigen Stapeln von Pizzakartons in Regalen bis hinauf zur Decke wird Ihre Kinder definitiv begeistern. Genau der richtige Ort, um sie mit einer original neapolitanischen Pizza zu verwöhnen. Wenn noch Platz für einen Nachtisch bleibt, sollten Sie das *Vanillamisu* probieren, eine kindgerechte Abwandlung des klassischen Tiramisù (das es natürlich auch gibt!) mit Vanille und Nougat.

408 MIZNON CANAL

37 quai de Valmy
10. Arr. – Belleville &
Umgebung (RD) ⑨
+33 (0)1 4803 4722
miznonparis.com

Dieses lebhafte israelische Restaurant am Westufer des Canal Saint-Martin ist ein toller Ort, um sich mit den Kids eine Pita zu genehmigen. Als Opfer seines eigenen Erfolgs ist es allerdings oft voll. Doch kein Grund zur Sorge: Holen Sie sich einfach eine Pita zum Mitnehmen und suchen Sie sich ein Plätzchen am Kanal, um das belegte Fladenbrot vor einer tollen Aussicht zu genießen.

409 COFFEE CLUB

87 rue d'Assas
6. Arr. – Saint-Germain-des-Prés &
Montparnasse (RG) ⑤
+33 (0)1 4329 8787
www.coffee-club.fr

Nach jeder Menge Spaß im nahe gelegenen Jardin du Luxembourg werden sich die Kinder auf den Coffee Club im Stil eines amerikanischen Diners freuen. Sie können Hähnchennuggets, Hot Dogs oder Hamburger essen, während ihre Eltern sich etwas Gesünderes aus der Karte wählen, den Veggie-Salat oder den Avocado-Toast.

410 L'AUGUSTINE

79 rue de Varenne
7. Arr. – Invalides &
Eiffelturm (RG) ④
+33 (0)1 4555 8439
musee-rodin.fr

Im Garten des Rodin-Museums liegt an einem der schattigen Wege ein charmantes Café. Der Ort ist perfekt für ein Mittagessen mit der Familie oder einen leckeren Imbiss. Kinder können herumlaufen, zwischen den Skulpturen spielen und die einzigartige Ruhe dieses Gartens im Zentrum von Paris genießen. Auf der Speisekarte stehen einfache, leckere Gerichte, aber auch Eis. Das einzige Minus: Das Paradies kostet Eintritt (2 € für Erwachsene, 1 € für Kinder).

Die 5 coolsten Geschäfte mit
DESIGN FÜR KINDER

---

411 **SMALLABLE**
81 rue du Cherche-Midi
6. Arr. – Saint-Germain-des-Prés & Montparnasse (RG) ⑤
+33 (0)1 4046 0115
www.fr.smallable.com

Dieser Concept-Store ist in einer alten Garage untergebracht und bietet eine große Auswahl an Vintagemöbeln und zeitgenössischem Design an. Die Kollektion umfasst alle trendigen Designer und hat alles rund ums Kinderzimmer im Angebot – aber die Ladenbesitzer haben auch an die Eltern gedacht. Zwischen den Babybetten findet man auch Geschirr, Kerzen und Bettwäsche.

412 **WOMB**
93 rue Réaumur
2. Arr. – Louvre & Les Halles (RD) ②
+33 (0)1 4236 3637
wombconcept.com

Sollten Sie zu jener Spezies von Eltern gehören, die beim bloßen Gedanken an fluoreszierendes Plastik einen Ausschlag bekommen, können Sie aufatmen: Denn der Kinderausstatter WOMB (World of my Baby) hat raffinierte Heimdeko, Designmöbel sowie geschmackvolle Kleidung im Angebot – und mit der Marke YOYO den einzigen Buggy, der problemlos zwischen die Sitze der Pariser Metro passt.

413 **NOTSOBIG**

38 rue Tiquetonne
2. Arr. – Louvre &
Les Halles (RD) ②
+33 (0)1 4233 3426
bynotsobig.com

Der Concept-Store für Kinder, ein absolutes Muss im Quartier Montorgueil, bietet eine tolle Warenmischung junger Designer und etablierter Haute Couture. Von lustigen Geschenken und hübschen Dekorationsobjekten bis hin zu originellen Modeaccessoires. Fast unmöglich, diesen Laden mit leeren Händen zu verlassen.

414 **MOMBINI**

22 rue Gerbert
15. Arr. – Invalides &
Eiffelturm (RG) ④
+33 (0)1 7370 6231
www.mombini.com

Mombini hat sich neben dem Verkauf großer bekannter Marken auf skandinavische Artikel spezialisiert. Hier finden Sie Möbel und Dekorationsartikel sowie Geschenke für Babys oder schöne Accessoires für den täglichen Gebrauch, wie z. B. Schreibwaren. Hinten im Laden ist das Café mit Spielbereich untergebracht. Können Sie sich etwas Besseres vorstellen, als hier als hier nach dem Einkauf einen Imbiss zu genießen?

415 **MINOIS**

14 rue Bachaumont
2. Arr. – Louvre &
Les Halles (RD) ②
+33 (0)9 8662 1166
minoisparis.fr

Diese hübsche Boutique vertreibt eine natürliche Hautpflegeserie für Säuglinge und Kinder: Cremes, Trockenöle, Düfte – und alles in bezaubernden Verpackungen mit charakteristischem Duft nach Orangenblüten. Ein großartiger Ort, wenn man ein Geschenk für ein Neugeborenes sucht.

5 besonders typische
PARISER GESCHÄFTE
für Kinderkleidung

---

416 **LOUIS LOUISE**
83 rue du Cherche-Midi
6. Arr. – Saint-Germain-des-Prés & Montparnasse (RG) ⑤
+33 (0)9 8063 8595
louislouise.com

Dieses bezaubernde Geschäft tut alles, um Mamas Herz zu erobern. Der »bürgerliche«, aufs schönste typische Pariser Laden verkauft Rüschenröcke für kleine Mädchen, Pumphosen für Babys und Shorts für Jungen in subtilen Farben mit zarten Drucken. Sommer- wie Winterkollektion sind immer sehr modern und poetisch.

417 **MARIE PUCE**
60 rue du Cherche-Midi
6. Arr. – Saint-Germain-des-Prés & Montparnasse (RG) ⑤
+33 (0)1 4548 3009
mariepuce.com

Eine lokale Institution und Ziel für Libertyfans, die gerne in diesem kleinen Laden stöbern, in dem das berühmte Blumenmuster von der Pumphose bis zum Peter-Pan-Kragen alles bedeckt. Sie verkaufen auch zeitlose, klassische Kleidung für schicke Kinder.

418 **PETIT PAN**

39 rue
François Miron
4. Arr. – Marais &
Bastille (RD) ③
+33 (0)1 4454 9084
petitpan.com

Mit Petit Pan wollte Myriam De Loor eine Marke gründen, die voller Lebenslust, *joie de vivre*, ist. Ihr Blick auf die Kindheit ist bunt, ihre Kreationen, zu denen Bettwäsche, Accessoires und Kleidung gehören, haben oft grafische Muster und strahlen dank der fröhlichen und kräftigen Farben. Sie können die verschiedenen Welten der Designerin in drei Geschäftsfilialen erkunden, alle in der gleichen Straße.

419 **FINGER IN THE NOSE**

11 rue de l'Échaudé
6. Arr. – Saint-
Germain-des-Prés &
Montparnasse (RG) ⑤
+33 (0)9 8301 7675
fingerinthenose.com

Die Jeans und Daunenjacken sind die Bestseller dieser stylischen Rock'n'Roll-Kindermarke. Vor allem aber ist die Finger-in-the-nose-Kleidung funktionell und langlebig. Bei Kindern und Eltern ist die Marke gleichermaßen beliebt, weil sie aktuelle Modetrends neu interpretiert.

420 **BONTON**

5 boulevard des
Filles du Calvaire
3. Arr. – Marais &
Bastille (RD) ③
+33 (0)1 4272 3469
www.bonton.fr

Eine beliebte Anlaufstelle der »Pariser Bohos« ... Kein Wunder, denn Bonton ist eines der schönsten Kinderbekleidungsgeschäfte für Babys und Kleinkinder in der Stadt. Alles hier ist einfach zu niedlich, um widerstehen zu können – die Preise vielleicht ausgenommen ... Es gibt die Möglichkeit, eine Geschenkliste zu hinterlegen, um doppelte Geschenke oder Geschmacksverirrungen zu vermeiden. Wie der Name schon sagt, ist hier alles *bon ton*, geschmackvoll.

20 ORTE ZUM ÜBERNACHTEN

Die 5 tollsten **BOUTIQUE-HOTELS** ──────── 224

Die 5 **HIPPSTEN HOTELS** ──────── 226

Die 5 besten Hotels für ein
ZIMMER MIT AUSSICHT ──────── 228

5 LEGENDÄRE HOTELS ──────── 230

Die 5 tollsten
BOUTIQUE-HOTELS

---

421 HÔTEL DES GRANDES ÉCOLES

75 rue du Cardinal Lemoine
5. Arr. – Quartier Latin (RG) ⑦
+33 (0)1 4326 7923
hoteldes grandesecoles.com

Eines der großartigsten Hotels in Paris befindet sich im Zentrum des Quartier Latin nahe des Panthéons am Ende eines von Bäumen gesäumten Innenhofes. Dieses weitgehend unbekannte, reizende rosafarbene Stadthaus verfügt über 51 Zimmer im Vintagelook. Die Wände sind mit Blumentapeten verkleidet und die Zimmer mit Antiquitäten ausgestattet. Das Highlight ist der ruhige Garten, in dem das Frühstück serviert wird, sobald die Sonne aufgeht.

422 HÔTEL PARTICULIER MONTMARTRE

23 avenue Junot, Pavillon D
18. Arr. – Montmartre (RD) ⑧
+33 (0)1 5341 8140
hotelparticulier.com

Das Stadtpalais in Montmartre wurde vor einigen Jahren in ein Boutique-Hotel umgewandelt. Der bezaubernde große Privatgarten gibt den Besuchern das Gefühl in einem weitläufigen Landhaus und nicht im Zentrum von Paris zu sein. Die fünf eleganten Suiten wurden im originellen Design neu dekoriert: zeitgenössische Kunstwerke werden mit Vintagemöbeln und Tapeten mit auffallenden, romantischen Mustern kombiniert.

423 HÔTEL SOOKIE

2bis rue Commines
3. Arr. – Marais &
Bastille (RD) ③
+33 (0)1 4029 0133
hotelsookie.com

Eine hübsche mandelgrüne Fassade und eine Auswahl an Vinylplatten, die mit Bedacht kunstvoll im Fenster arrangiert sind … Schon ist man im Sookie angekommen, benannt nach dem gleichnamigen berühmten Song des Jazzgitarristen Grant Green. Das coole, einladende Hotel, geschmackvoll eingerichtet, ist ein großartiger Ort, um zu übernachten oder einen Kaffee zu trinken.

424 HÔTEL PARADISO

135 boulevard Diderot
12. Arr. – Marais &
Bastille (RD)
+33 (0)1 8859 2001
mk2hotelparadiso.com

Dies ist das erste »Kinohotel« der Welt. Sämtliche Räume verfügen über Hightech-Equipment (Projektoren, Bildschirme, 3D-Soundsystem) und eine große Auswahl an Filmen und Serien zum Streamen. Das bedeutet in der Praxis: Sie können Bett oder Badewanne auf Knopfdruck in Ihr eigenes Privatkino verwandeln.

425 TERRASS" HÔTEL

12-14 rue
Joseph de Maistre
18. Arr. – Montmartre (RD) ⑧
+33 (0)1 4606 7285
terrass-hotel.com

Dieses Vier-Sterne-Hotel hat eine wunderbare Lage mitten im Montmartre und verfügt über geräumige, moderne Zimmer, ein schönes Spa und ein Restaurant im obersten Stockwerk mit einem unvergleichlichen Blick auf die Stadt. Absolut empfehlenswert, wenn Sie ein Frühstück mit Blick über die Dächer von Paris genießen möchten.

Die 5
HIPPSTEN HOTELS

---

426 **CHÂTEAU VOLTAIRE**
55-57 rue Saint-Roch
1. Arr. – Louvre &
Les Halles (RD) ②
+33 (0)1 5345 9100
chateauvoltaire.com

Statt eines prunkvollen Palasts wirkt dieses Fünf-Sterne-Haus mitten im historischen Stadtkern zwischen Opéra und Tuilerien eher wie ein Gasthaus der höchsten Kategorie. Das Château Voltaire mit 32 noblen, unterschiedlich ausgestatteten Zimmern fängt auf elegante Weise die Seele von Paris ein und zollt zugleich dessen Kultur und Lebensstil Tribut. Bar und Restaurant eignen sich hervorragend, um sich mit Freunden zu treffen und gut zu unterhalten.

427 **EDGAR**
31 rue d'Alexandrie
2. Arr. – Louvre &
Les Halles (RD) ②
+33 (0)1 4041 0519
www.edgarparis.com

Das Hotel liegt im Zentrum des Quartier du Sentier inmitten vieler Textilläden. Der Inhaber wollte, dass sich Edgar wie ein Zuhause anfühlt. So hat er seine Freunde, seinen Cousin und seinen Schwiegervater (den berühmten Fotografen Yann Artus Bertrand) gebeten, jeweils eines der 12 Zimmer zu gestalten und ihnen Charakter und Seele zu geben. Das Mittagessen im hauseigenen Restaurant oder draußen auf dem schattigen Platz ist einfach wunderbar.

428 COUR DES VOSGES
19 place des Vosges
4. Arr. – Marais &
Bastille (RD) ③
+33 (0)1 4250 3030
courdesvosges.com

Wer sich für Pariser Stadtgeschichte interessiert, ist in dem exklusiven Hotel in einem Stadthaus des 17. Jahrhunderts am rechten Ort. Verbringen Sie ein paar Tage in dem denkmalgeschützten Ensemble mit Blick auf den berühmten Place des Vosges. Die 12 Zimmer und Suiten präsentieren sich in opulenter Mischung aus französischer Eleganz und Design der 1970er-Jahre.

429 HÔTEL AMOUR
8 rue de Navarin
9. Arr. – Montmartre (RD) ⑧
+33 (0)1 4878 3180
www.hotelamour paris.fr

Seit der Eröffnung dieses Hotels hat rein rechnerisch bereits die gesamte Pariser Bevölkerung hier übernachtet – oder zumindest ein paar Stunden verbracht: Das ehemalige Stundenhotel vermietet Zimmer auch von 12 bis 15 Uhr. Das Dekorationskonzept basiert auf den Themen Liebe und Erotik in typischer Pariser Manier: Alle Räume enthalten Arbeiten zeitgenössischer Künstler und Grafiker, kombiniert mit Vintagemöbeln und -objekten.

430 THE HOXTON PARIS
30–32 rue du Sentier
2. Arr. – Louvre &
Les Halles (RD) ②
+33 (0)1 8565 7500
thehoxton.com/paris/ paris/hotels

Die avangardistische Hotelkette Hoxton hat in Paris ein Hotel in einem majestätischen Stadthaus aus dem 18. Jahrhundert mit gemütlichen Lounges, einer Cocktailbar und einem Wintergarten eröffnet. Das Hotel ist Tag und Nacht voller Leben. In diesem charmanten Pariser Interieur können Sie arbeiten, Mittag essen, herumhängen und einen Drink genießen.

Die 5 besten Hotels für ein
ZIMMER
MIT AUSSICHT

---

431 HÔTEL MADAME RÊVE
48 rue du Louvre
1. Arr. – Louvre &
Les Halles (RD) ②
+33 (0)1 8040 7770
madamereve.com

Das majestätische Fünf-Sterne-Haus logiert im ikonischen Gebäude des ehemaligen Louvre-Postamts Poste du Louvre. Die Zimmer bieten je nach Himmelsrichtung tolle Blicke auf die Stadt – Eiffelturm, Sacré-Cœur, Notre-Dame oder die schöne Kirche Saint-Eustache. Auch vom weitläufigen Dachgarten genießen Sie beim Abendessen überwältigende Aussichten.

432 LE BRISTOL
112 rue du Faubourg
Saint-Honoré
8. Arr. – Arc de
Triomphe, Champs-
Élysées & Grands
Boulevards (RD) ①
+33 (0)1 5343 4300
lebristolparis.com

Die vier Suiten des Fünf-Sterne-Hotel sind im Stil des 18. Jahrhunderts eingerichtet, jede bietet eine wunderbare Aussicht. Aus der Suite Panoramique blickt man über eine Terrasse voller Blumen auf die Hauptstadt. Die Lune-de-Miel- oder Honeymoon-Suite bietet einen atemberaubenden Blick auf die schönsten Monumente der Stadt. Und wenn Sie ein »Standardzimmer« buchen, können Sie trotzdem den Ausblick vom Swimmingpool und von der Terrasse des Solariums im 6. Stock genießen.

433 GRAND HÔTEL DU PALAIS-ROYAL

4 rue de Valois
1. Arr. – Louvre &
Les Halles (RD) ②
+33 (0)1 4296 1535
*grandhoteldu
palaisroyal.com*

Der Star-Dekorateur Pierre-Yves Rochon hat dieses Fünf-Sterne-Hotel renoviert und es genauso prächtig gestaltet wie das nahe Palais Royal. Im hervorragend gelegenen Hotel hat man aus den meisten Zimmern einen fantastischen Blick auf eines der historischen Denkmäler oder über ganz Paris.

434 HÔTEL RAPHAEL

17 avenue Kléber
1. Arr. – Arc de
Triomphe, Champs-
Élysées & Grands
Boulevards (RD) ①
+33 (0)1 5364 3210
www.raphael-hotel.com

Betreten Sie dieses sehr schicke Fünf-Sterne-Hotel, das nur einen kurzen Fußweg vom Arc de Triomphe entfernt ist, und fahren Sie mit dem Aufzug in die oberste Etage. Von der begrünten Dachterrasse bietet sich ein herrlicher Blick über die Dächer von Paris. An schönen Tagen können Sie in dieser Oase Mittag- und Abendessen oder auch einen Cocktail genießen.

435 SHANGRI-LA HÔTEL

10 avenue d'Iéna
16. Arr. – Arc de
Triomphe, Champs-
Élysées & Grands
Boulevards (RD) ①
+33 (0)1 5367 1998
shangri-la.com

Das Fünf-Sterne-Hotel im ehemaligen Zuhause von Prinz Roland Bonaparte zeichnet sich durch seine außergewöhnliche Lage aus. Die meisten Zimmer haben eine unvergleichliche Aussicht und in einigen hat sogar der Eiffelturm einen Gastauftritt. Die einzigartige und diskrete Sommerterrasse ist öffentlich zugänglich, hier können Sie einen köstlichen Cocktail genießen, während Sie den Sonnenuntergang bewundern.

5
LEGENDÄRE HOTELS

436 L'HÔTEL

13 rue des
Beaux-Arts
6. Arr. – Saint-Germain-des-Prés & Montparnasse (RG) ⑤
+33 (0)1 4441 9900
l-hotel.com

Dieses private Hotel ist eines der legendären Hotels in Saint-Germain-des-Prés. Die beeindruckende Wendeltreppe, die barocke und teils theatralische Dekoration der Räume und die Bar machten es zum perfekten Treffpunkt für Künstler, Schauspieler und Pariser Persönlichkeiten, die alle zur Legendenbildung beitrugen. Auch Oscar Wilde lebte 1898 hier.

437 HÔTEL REGINA

2 place des
Pyramides
1. Arr. – Arc de Triomphe, Champs-Élysées & Grands Boulevards (RD) ①
+33 (0)1 4260 3110
regina-hotel.com

Das elegante Hotel zwischen dem Louvre und den Tuilerien wurde 1900 für die Weltausstellung eröffnet, die Eigentümerfamilie sorgt seit mehreren Generationen für das Wohlbefinden ihrer Gäste. Das wundervolle Art-déco-Interieur, ein Symbol des französischen Luxus, diente in vielen Filmen als Kulisse. Während der Fashion Week wohnen hier alle Fashionistas.

438 HÔTEL BEL AMI
7–11 rue Saint-Benoît
6. Arr. – Saint-
Germain-des-Prés &
Montparnasse (RG) ⑤
+33 (0)1 4261 5353
hotelbelami-paris.com

Das kürzlich renovierte Hotel ist nach dem Meisterwerk von Guy de Maupassant benannt und eines der Wahrzeichen von Saint-Germain-des-Prés, so wie das Café Flore, Les Deux Magots und die nur wenige Gehminuten entfernte Brasserie Lipp.

439 LE PAVILLON DE LA REINE
28 place des Vosges
3. Arr. – Marais &
Bastille (RD) ③
+33 (0)1 4029 1919
pavillon-de-la-reine.com

Das etwas zurückgesetzt am Place des Vosges gelegene Hotel ist nach Anne von Österreich benannt, die einst hier wohnte. Das Vier-Sterne-Hotel verfügt über 54 elegante Zimmer und Suiten. Durch die Lage mitten im Marais, die schöne, efeubewachsene Fassade und den geschützten, intimen Innenhof, fühlt man sich bald als Teil der Nachbarschaft.

440 HOTEL DU NORD
102 quai de
Jemmapes
10. Arr. – Belleville &
Umgebung (RD) ⑨
+33 (0)1 4040 7878
www.hoteldunord.org

1938 erlangte das Hôtel du Nord am Canal Saint-Martin durch den gleichnamigen Film, den Marcel Carné hier drehte, Kultstatus. Obwohl man hier nicht mehr einchecken kann, bleibt es in den Köpfen vieler Filmfans und Pariser ein legendäres Hotel. Vor 10 Jahren wurde es als gemütliches Bar-Restaurant wiedereröffnet und ist bei Stammgästen und Touristen gleichermaßen beliebt.

35 ORTE ZUM AUSGEHEN

Die 5 besten **KONZERTHÄUSER** ————— 234

Die 5 **SCHÖNSTEN THEATER** ————— 236

Die 5 besten **FESTIVALS** ————— 238

5 Orte, an denen man unerwartet **VIEL SPASS** *haben kann* ————— 240

Die 5 besten Clubs zum **FEIERN BIS NACH MITTERNACHT** ————— 242

5 Orte für einen **NÄCHTLICHEN IMBISS** ——— 244

Die 5 **SCHÖNSTEN KINOS** ————— 246

Die 5 besten
KONZERTHÄUSER

---

441 **LA MAROQUINERIE**
23 rue Boyer
20. Arr. – Belleville &
Umgebung (RD) ⑨
+33 (0)1 4033 3505
lamaroquinerie.fr

Dieser legendäre Veranstaltungsort war schon immer ein Garant für ein vielfältiges Programm, mit Schwerpunkt auf internationalem Rock. Seit der Eröffnung im Jahr 1997 ist La Maroquinerie deshalb der Ort der Wahl für alle Rockfans. Die Restaurant-Bar bietet auch Raum für Kunst und Vorträge, Diskussionen und Ausstellungen.

442 **LE TRIANON**
80 boulevard de
Marguerite
18. Arr. – Mont-
martre (RD) ⑧
+33 (0)1 4492 7800
letrianon.fr

Das vor über 100 Jahren erbaute, denkmalgeschützte Le Trianon ist rücksichtsvoll restauriert worden. Der Theaterraum mit den umlaufenden Balkonen ist einer der schönsten Konzertsäle in Paris. Ein abwechslungsreiches Programm umfasst klassische Konzerte von Symphonieorchestern aus ganz Europa, französische Chansoniers und internationale Stars.

443 LA PETITE HALLE
**211 avenue
Jean Jaurès
19. Arr. – Belleville &
Umgebung (RD) ⑨
+33 (0)9 8225 9181
lapetitehalle.com**

Ein Ort für Musik, Begegnungen und Austausch unter einem Dach. Sowohl der Konzertsaal wie auch das italienische Restaurant gehören zu den populären Fixpunkten der Pariser Jazzszene. Als Veranstaltungsadresse ist er weithin bekannt für ein modernes, vielseitiges, weltoffenes Musikprogramm.

444 LA MAISON DE LA RADIO
**116 avenue du
Président Kennedy
16. Arr. – Invalides &
Eiffelturm (RG) ④
+33 (0)1 5640 2222
maison.radiofrance.fr**

La Maison de la Radio wurde vom Architekten Henry Bernard für den öffentlich-rechtlichen Rundfunk entworfen und 1963 eröffnet. Im Laufe der Jahre hat das Funkhaus in seinen großartigen Studios viele kostenlose Konzerte mit klassischer bis zeitgenössischer Musik veranstaltet.

445 LA PHILHARMONIE DE PARIS
**221 avenue
Jean Jaurès
19. Arr. – Belleville &
Umgebung (RD) ⑨
+33 (0)1 4484 4484
philharmoniedeparis.fr**

In diesem von dem Stararchitekten Jean Nouvel entworfenen Veranstaltungsort, der spektakuläre Architektur mit makelloser Akustik vereint, finden jährlich bis zu 500 Konzerte statt (von Sinfonien, Barock- und zeitgenössischer Musik bis hin zu Jazz, Rock und Weltmusik). Die Philharmonie organisiert zudem zahlreiche Kunst- und Musikausstellungen und betreibt ein Musikmuseum für Kinder.

Die 5 SCHÖNSTEN THEATER

---

446 LA CARTOUCHERIE
Route du Champ-
de-Manœuvre
12. Arr.
+33 (0)1 4374 2408
cartoucherie.fr

Die ehemalige Waffenfabrik, die sich im Herzen des Bois de Vincennes befindet, ist heute ein Theaterzentrum. 1970 zog das Théâtre du Soleil hierher, das heute von Ariane Mnouchkine geleitet wird, später kamen das Théâtre de la Tempête, Théâtre de l'Aquarium und Théâtre de l'Épée de Bois dazu. Eine grüne Oase und ein idyllischer Ort, um eine Aufführung zu genießen oder einfach nur eine Pause einzulegen.

447 THÉÂTRE DES BOUFFES DU NORD
37bis boulevard
de la Chapelle
10. Arr. – Belleville &
Umgebung (RD) ⑨
+33 (0)1 4607 3450
bouffesdunord.com

Les Bouffes du Nord ist zweifellos das schönste Theater in Paris. Viele Jahren war es mit Peter Brook verbunden, der hier mehrere legendäre Produktionen inszenierte, die in die Theatergeschichte eingingen. In den letzten Spielzeiten legte das Programm den Schwerpunkt auf zeitgenössische Produktionen und junge Theatergruppen.

448 ATHÉNÉE – THÉÂTRE LOUIS-JOUVET

7 rue Boudreau
9. Arr. – Arc de Triomphe, Champs-Élysées & Grands Boulevards (RD) ①
+33 (0)1 5305 1919
athenee-theatre.com

Versteckt an einem kleinen Platz abseits der belebten Boulevards, zählt das Théâtre de l'Athénée sicherlich zu den schönsten der französischen Hauptstadt. Wer könnte ihm widerstehen? Ein prächtiger Theatersaal im italienischen Stil, das Foyer mit viel rotem Samt, aufwendig gestaltete Fenster und ein kunstvoll geschwungenes Vordach. Ein Monument, das unter Denkmalschutz steht.

449 ODÉON – THÉÂTRE DE L'EUROPE

Place de l'Odéon
6. Arr. – Saint-Germain-des-Prés & Montparnasse (RG) ⑤
+33 (0)1 4485 4040
www.theatre-odeon.eu

Das Théâtre National de l'Odéon ist eine französische Theaterinstitution, die seit ihrer Gründung im Jahr 1782 eine wichtige Rolle im Pariser Kulturleben spielt. Münchner Opernbesuchern könnte die Architektur vertraut sein: Das l'Odeon war Vorbild für den Bau des Münchner Nationaltheaters. Seit einigen Jahren gibt es einen zweiten Spielort, das Les Ateliers Berthier auf dem Boulevard des Maréchaux. Alle wichtigen Schauspieler des französischen Theaters sind hier aufgetreten.

450 THÉÂTRE DE L'ATELIER

1 place Charles Dullin
18. Arr. – Montmartre (RD) ⑧
+33 (0)1 4606 4924
www.theatre-atelier.com

L'Atelier ist ein wunderschönes Theater im italienischen Stil auf einem charmanten Platz im Montmartreviertel. Auf dem Programm stehen vor allem Inszenierungen renommierter Dramatiker wie Beckett, Duras und Pinter. Hier treten regelmäßig Stars des Kinos und des Theaters auf.

Die 5 besten
FESTIVALS

---

451 ROCK EN SEINE
DOMAINE NATIONAL
DE SAINT-CLOUD
**Domaine national de Saint-Cloud
Saint-Cloud**
rockenseine.com

Über 100 000 Besucher kommen jedes Jahr am letzten Augustwochenende zu Rock en Seine, dem perfekten Festival, um das Ende des Sommers einzuläuten. Große international bekannte Rockbands und aufstrebende Talente treten auf verschiedenen Bühnen im prächtigen Barockgarten in einer mitreißenden Atmosphäre auf.

452 VILLETTE SONIQUE
PARC DE LA VILLETTE
211 avenue Jean-Jaurès
lavillette.com

Das Musikprogramm des Villette Sonique Festivals, das an verschiedenen Locations im Osten von Paris wie Cabaret Sauvage, Trabendo und Cité de la musique stattfindet, ist eine Mischung aus elektronischer Musik, Rock und Hip-Hop. Diverse kostenlose Open-Air-Konzerte werden auch im Parc de la Villette veranstaltet (Ende Mai/Anfang Juni, Daten ändern sich jedes Jahr).

453 **WE LOVE GREEN**
PARC DE BAGATELLE
Bois de Vincennes
12. Arr.
welovegreen.fr

Dieses ökologische Festival richtet sich vor allem an Pop-, Indie-Rock- und Folk-Fans. Die perfekte Veranstaltung, um Musik zu genießen, draußen zu sein, Bio-Lebensmittel aus der Region zu kaufen und an Diskussionen über nachhaltige Entwicklung und verantwortungsvolles künstlerisches Schaffen teilzunehmen. Am letzten Wochenende im Mai.

454 **MO'FO**
MAIN D'ŒUVRES
1 rue Charles Garnier
Saint-Ouen
festivalmofo.org

Dieses unabhängige Musikfestival hat das erklärte Ziel, neue Bands zu entdecken. Mitten im Winter wärmt MO'FO, das im schönen Kulturzentrum Main d'Œuvres veranstaltet wird, Körper und Seele. Der Schwerpunkt liegt auf Indie-Bands, wobei aber kein bestimmtes Musikgenre bevorzugt wird. Ein kleines Festival, das eine überschaubare Größe mit unmittelbarem Kontakt zu den Künstlern bevorzugt. Am letzten Wochenende im Januar.

455 **LES FEMMES S'EN MÊLENT**
lfsm.net

Seit 1997 feiert dieses Festival die weibliche Indie-Musikszene. Ursprünglich nur ein Rockkonzert zur Feier des Frauentages, findet die Veranstaltung inzwischen über mehrere Wochen im März auf verschiedenen Bühnen in Paris und ganz Frankreich statt. Erweitert hat sich auch das Musikspektrum, von Rock bis Elektro über Folk, Samba oder Blues zu Hip-Hop. Das Festival ist eine Hommage an Künstlerinnen, ob aufstrebende Talente oder international bekannt.

5 Orte, an denen man unerwartet
VIEL SPASS
haben kann

---

456 CHINATOWN OLYMPIADES
44 avenue d'Ivry
13. Arr. – Saint-Germain-des-Prés & Montparnasse (RG)
+33 (0)1 4584 7221
www.chinatown olympiades.com

Das Chinatown Olympiades ist genau das Richtige für Sie, wenn Sie offen für kulinarische und kulturelle Erfahrungen sind. Nach ein paar Teigtaschen und der Pekingente wird es Zeit für Musik und Karaoke. Die Lieder laufen in Endlosschleife in allen möglichen Sprachen, von Englisch über Französisch zu Khmer und natürlich Chinesisch. Die Atmosphäre ist umwerfend!

457 ZÉRO ZÉRO
89 rue Amelot
11. Arr. – Marais & Bastille (RD) ③

Die DJs in dieser kleinen Underground-Bar legen nur Vinyl auf. Die Partys hier sind dank der vielen verschiedenen Musikstile immer spannend. Hier können Sie tanzen, Cocktails trinken und Videos auf einem alten Fernseher anschauen.

458 BAM KARAOKÉ BOX
30 rue Richer
9. Arr. – Louvre & Les Halles (RD) ②
+33 (0)1 8425 4829
fr.bam-karaokebox.com/ville/paris

Der einstige Bahnhof wurde zu einem »Öko«-Raum umgestaltet. Ein Bar-Restaurant bietet Biolebensmittel, die Repair-Werkstatt schenkt alten Objekten ein zweites Leben. Genießen Sie die Ruhe und grüne Umgebung draußen, wo man einen Stadtbauernhof mit Geflügel und Gemeinschaftsgarten erkunden kann.

459 **LA RECYCLERIE**
83 boulevard Ornano
18. Arr. – Belleville &
Umgebung (RD) ⑧
+33 (0)1 4257 5849
larecyclerie.com

Dieser ehemalige Bahnhof ist heute ein Umweltzentrum. Das Bar-Restaurant bietet Bio-Essen an und die Reparaturwerkstatt gibt Dingen ein zweites Leben. Genießen Sie die Ruhe und die grüne Umgebung, hier können Sie den Stadtbauernhof inklusive Hühnerhof und einen urbanen Gemeinschaftsgarten erkunden.

460 **CAFÉ A**
148 rue du Faubourg Saint-Martin
10. Arr. – Belleville &
Umgebung (RD) ⑨
+33 (0)7 7161 1038
www.cafea.fr

Das Café A – a wie – befindet sich in einem ehemaligen Kloster in der Nähe vom Gare de l'Est und ist perfekt zum gemütlichen Lesen abseits der Menschenmassen. Suchen Sie sich einen Liegestuhl im Kreuzgang, im Garten oder in der ehemaligen Kapelle. In der Kapelle können Sie sich auch ein Konzert anhören.

459 LA RECYCLERIE

Die 5 besten Clubs zum FEIERN BIS NACH MITTERNACHT

---

461 LA MANO
10 rue Papillon
9. Arr. –
Montmartre (RD) ⑧
+33 (0)9 6750 5037
www.facebook.com/
lamano.paris

Nach dem Feierabend verwandelt sich dieses Bar-Restaurant in einen erlesenen Club. Wenn Sie Tropen-Feeling mögen, genießen Sie die Afrolatino-Rhythmen, während Sie an einem der Hauscocktails mit Mezcal nippen.

462 BADABOUM
2bis rue des
Taillandiers
11. Arr. – Marais &
Bastille (RD) ③
+33 (0)1 4806 5070
badaboum.paris

Die drei großen Veranstaltungsräume im Babadoum sollen unabhängig voneinander funktionieren, sich aber auch ergänzen: Club, Concert, Cocktailbar. Im ersten Stock gibt es eine im Retrostil eingerichtete Junggesellenwohnung. Der perfekte Ort, um bis in die frühen Morgenstunden zu feiern.

463 REX CLUB
5 boulevard
Poissonnière
2. Arr. – Louvre &
Les Halles (RD) ②
+33 (0)1 4236 1096
rexclub.com

Diese legendäre Tanzfabrik unter dem Rex-Kino ist das Ziel aller Techno-Fans. Die besten französischen DJs haben hier ihr Debüt gegeben und führende DJs aus der ganzen Welt kommen regelmäßig vorbei. Der langlebige Club läuft immer noch auf Hochtouren!

464 SILENCIO

**142 rue Montmartre
2. Arr. – Louvre &
Les Halles (RD) ②**

Dieser Nachtclub, einer der wohl mysteriösesten Orte in Paris, wurde von Kultregisseur David Lynch entworfen. Hinunter geht es über eine lange Treppe, die auf einen schicken, goldverkleideten Korridor sowie in Räume und Galerien auf 600 m² Fläche führt. Der Veranstaltungsort verfügt auch über ein Kino, Raucherzimmer und Bibliothek … Ein Labyrinth wie aus einem Kinofilm.

465 GARAGE

**34 quai d'Austerlitz
13. Arr.
*citemodedesign.fr/
fr/lieu/le-garage***

Dieser angesagte Underground-Club bei den Docks nahe der Cité de la Mode et du Design verfügt über einen schönen Außenbereich mit großer Tanzfläche, auf der man Tag und Nacht abtanzen kann. Foodtruck, Kicker und gemütliche Einrichtung – wunderbar, um sich an einem Sommerabend die Zeit zu vertreiben.

5 Orte für einen
NÄCHTLICHEN IMBISS

---

466 **AU PIED DE COCHON**
6 rue Coquillière
1. Arr. – Louvre &
Les Halles (RD) ②
+33 (0)1 4013 7700
pieddecochon.com

Diese legendäre Brasserie im Quartier des Halles ist rund um die Uhr geöffnet. Obwohl es viele Gerichte mit Schweinefleisch gibt, ist – wie der Name schon sagt – gegrillter Schweinefuß die Spezialität des Hauses, vielleicht etwas zum Ausprobieren für die wagemutigeren Esser. Nachtschwärmer lieben das alte Pariser Restaurant und seine freundliche Atmosphäre.

467 **LE TAMBOUR**
41 rue Montmartre
2. Arr. – Louvre &
Les Halles (RD) ②
+33 (0)1 4233 0690

Bis nachts um 5 Uhr kann man hier die traditionelle französische Küche genießen. Die Leute kommen vor allem wegen der originellen Dekoration aus alten Metroplänen und Schildern und auch wegen der anregenden Gespräche zwischen dem Besitzer und den Stammgästen – nicht so sehr wegen der Qualität der Küche. Eine echte Nachbarschaftsinstitution, in der man alle möglichen lustigen Typen treffen kann!

468 LA MAISON DE L'AUBRAC

37 rue Marbeuf
8. Arr. – Arc de Triomphe, Champs-Élysées & Grands Boulevards (RD) ①
+33 (0)1 4359 0514
maison-aubrac.com

Dieses Restaurant liegt nur ein paar Schritte von den Champs-Élysées entfernt und ist Tag und Nacht geöffnet. Bekannt ist es für die fabelhafte Weinkarte und für die hervorragende Qualität des Rindfleisches, das vom eigenen Familienbetrieb im Aubrac stammt. Eine perfekte Wahl nach einem langen Geschäftstermin oder einer durchtanzten Nacht.

469 LA POULE AU POT

9 rue Vauvilliers
1. Arr. – Louvre & Les Halles (RD) ②
+33 (0)1 4236 3296
lapouleaupot.com

Das 1935 eröffnete elegante Restaurant mit seiner authentischen Ausstattung der Dreißigerjahre serviert bis 5 Uhr morgens geschmortes Hähnchen, ein legendäres, traditionelles französisches Gericht. Das Restaurant hat sich bei Nachtschwärmern einen guten Ruf erworben und es kommen, so sagt man, auch viele Stars hierher.

470 AU GÉNÉRAL LAFAYETTE

52 rue la Fayette
9. Arr. – Arc de Triomphe, Champs-Élysées & Grands Boulevards (RD) ①
+33 (0)1 4770 5908
augenerallafayette.fr

Diese wunderschöne, zeitlose Brasserie serviert täglich bis 3 Uhr morgens gute regionale Küche. Am Abend strömen Künstler und Schauspieler, die in den nahe gelegenen Theatern arbeiten, nach der Vorstellung hierher.

Die 5
SCHÖNSTEN KINOS

---

471 **LOUXOR**
170 boulevard Magenta
10. Arr. – Belleville & Umgebung (RD) ⑧
+33 (0)1 4463 9698
cinemalouxor.fr

Der Architekt Henri Zipcy entwarf diese atemberaubende Spielstätte im Jahr 1921. Nach der Restaurierung hat das Kino wieder an Glanz gewonnen, im großen Saal »la Pharaonne« taucht der Kinobesucher in eine exotische Welt ein. Die Louxor's Bar bietet vom Balkon im 3. Stock einen tollen Blick auf Sacré-Coeur – ideal für einen Drink nach der Vorstellung.

472 **LE CHAMPO**
51 rue des Écoles
5. Arr. – Quartier Latin (RG) ⑦
+33 (0)1 4354 5160
lechampo.com

Dieses von Parisern geliebte Programmkino wurde 1938 eröffnet und steht heute unter Denkmalschutz. Jeden Monat organisiert das Team ab Mitternacht »Les nuits du Champo«. Das Paket beinhaltet drei Filme und ein Frühstück.

473 **NOUVEL ODÉON**
6 rue de l'École de Médecine
6. Arr. – Saint-Germain-des-Prés & Montparnasse (RG) ⑤
+33 (0)1 4633 4371
nouvelodeon.com

Die Designerin Matali Crasset hat das Programmkino als freundlichen, bunten und aufgeschlossenen Ort ausgestattet. Alle drei Monate gibt es Sonderaufführungen, Premieren und Gespräche mit Schauspielern.

474 BLANCHE
**21 rue Blanche
9. Arr. – Montmartre (RD)** ⑧
+33 (0)1 4240 1212
21blanche.com

Das Blanche ist ein denkmalgeschütztes Herrenhaus, das man in ein modernes Fitnessstudio verwandelte. Was kaum einer weiß: Im obersten Stock gibt es ein kleines privates Kino mit 30 Plätzen, dessen Programm diverse Kulturgruppen verantworten. Geschmackvoll eingerichtetes Restaurant mit geschützter Terrasse für eine gemütliche Tasse Kaffee.

475 CINÉMA EN PLEIN AIR
**211 av. Jean Jaurès
19. Arr. – Belleville & Umgebung (RD)** ⑨
+33 (0)1 4003 7575
villette.com

Im Sommer verwandelt sich der Parc de la Villette in ein Open-Air-Kino, das zeitlose Klassiker, aber auch unbekannte Spielfilme zeigt. Die Filme beginnen, wenn es dunkel wird, vorher kann man mit Freunden schön picknicken. Das Kino ist gratis, nur ein Liegestuhl kostet etwas.

472 LE CHAMPO

25 WISSENSWERTE DINGE UND UNNÜTZE DETAILS

---

5 Häuser von **BERÜHMTHEITEN** —————— 250

Die 5 besten **BLOGS** *und*
WEBSITES *über Paris* —————————— 252

Die 5 coolsten **COWORKING SPACES** ——— 254

Die 5 besten Orte für die **FITNESS** —————— 256

5 wichtige Ereignisse im
LEBEN EINES PARISERS ——————————— 258

5 Häuser von
BERÜHMTHEITEN

---

476 **LA MAISON DE BALZAC**

47 rue Raynouard
16. Arr. – (RD) ④
+33 (0)1 5574 4180
maisondebalzac.
paris.fr

Honoré de Balzac lebte sieben Jahre in diesem Haus, das heute ein Museum ist, im Herzen des Dorfes Passy. Man kann die Schreibstube besichtigen, wo er Meisterwerke wie *La Cousine Bette* oder *Une ténébreuse affaire* schrieb. Der Schriftsteller liebte ganz besonders den ruhigen, kühlen Garten, ein perfekter Zufluchtsort an heißen Sommertagen. Kürzlich eröffnete hier die Rose Bakery ein Café, das gesunde, schmackhafte Kost serviert.

477 **LA MAISON DE VICTOR HUGO**

6 place des Vosges
4. Arr. – Marais &
Bastille (RD) ③
+33 (0)1 4272 1016
maisonsvictorhugo.
paris.fr

Wenn Sie zufällig am prächtigen Place des Vosges vorbeikommen, dann besuchen Sie die Wohnung, in der Victor Hugo und seine Familie 16 Jahre lang gelebt haben. In dem dort eingerichteten Museum gelingt es mittels der vielen Zeitdokumente und Originalmanuskripte, die vergangene Epoche atmosphärisch wiederzuerwecken. Bewundern Sie die Einrichtungsgegenstände, Kunstobjekte und anderen Erinnerungsstücke aus seinem Besitz und tauchen Sie in die Privatsphäre dieses berühmten französischen Schriftstellers ein.

478 **LA MAISON DE DALIDA**
11bis rue d'Orchampt
18. Arr. – Montmartre (RD) ⑧

Auf dem Montmartrehügel, am Ende einer Gasse und ganz in der Nähe der berühmten Moulin de la Galette liegt das Stadthaus aus der Zeit um 1900, in dem die Sängerin und Schauspielerin Dalida von 1962 bis zu ihrem Tod 1987 lebte. In dieser ruhigen Oase, weit weg vom Getümmel der Stadt, konnte sie ein wenig Freiheit genießen. Ihr beeindruckendes Grab befindet sich auf dem nahe gelegenen Friedhof Montmartre.

479 **LA MAISON DE SERGE GAINSBOURG**
5bis rue de Verneuil
7. Arr. – Saint-Germain-des-Prés & Montparnasse (RG) ⑤

Hier lebte der berühmte Singer-Songwriter über zwanzig Jahre und die Pariser kennen das Haus in der schicken Straße im 7. Arrondissement sehr gut – es lässt sich auch kaum übersehen: Die berühmte Fassade ist übersät mit Zeichnungen, Graffiti und bewundernden Nachrichten seiner Fans. Man überlegt seit Langem, den Pilgerort in ein Museum zu verwandeln, aber das Projekt scheint derzeit auf Eis zu liegen.

480 **LA MAISON DE GEORGES BRASSENS**
7 impasse Florimont
14. Arr. – Saint-Germain-des-Prés & Montparnasse (RG) ⑤

Der französische Dichter-Schriftsteller-Komponist und Chansonnier lebte von 1944 bis 1966 in diesem Haus am Ende einer reizenden Sackgasse voller bunter Häuser. Hier schrieb er seine ersten Lieder *Le Gorille* und *Margot*. Auch als er berühmt wurde, blieb er dort wohnen.

Die 5 besten
BLOGS und WEBSITES
über Paris

---

481 LE FOODING
lefooding.com

Hier finden Sie die besten Bars und Restaurants der Hauptstadt oder ein gemütliches Hotel, wenn Sie einen Ausflug ins Umland unternehmen möchten. Sie haben keine Ahnung, was Sie kochen könnten? Auch hierfür bietet diese Website Rezepte führender französischer Küchenchefs.

482 MY LITTLE PARIS
www.mylittle paris.com

Jeden Tag werden auf dieser Website neue Vorschläge für Ausflüge, ungewöhnliche Spaziergänge, tolle Restaurants, Treffpunkte für ein heimliches Rendezvous und viele andere ungewöhnliche Dinge gepostet. Ein junges, unkonventionelles und gut informiertes Team gräbt diese Tipps aus, wie z. B. einen Dutt-Salon, einen Sonnenbrillen-Verleih oder ein Restaurant für das Single-Dinner.

483 MERCI ALFRED
www.mercialfred.com

Alfred durchkämmt Paris mit seinem Moped, immer auf der Suche nach den besten Plätzen der Stadt: trendige Bars, Lokale, in denen Lastwagenfahrer essen oder vergessene Einrichtungen. Aber der Gentleman Alfred gibt jungen Männern auch Lifestyle- und Sport-Tipps.

484 QUE FAIRE À PARIS?
www.quefaire.paris.fr

Auf dieser Website kann man alle Veranstaltungen nachschlagen, präsentiert mit Einfallsreichtum und Humor. Jede Woche werden pfiffige Beiträge gepostet, z. B. »Was unternehme ich mit meiner Großmutter in Paris?« *Que faire à Paris?* ist ein Onlinemagazin, das die besten Tipps für Kulturveranstaltungen, Ausflüge und Aktivitäten zu erschwinglichen Preisen veröffentlicht.

485 LES OUVREUSES
lesouvreuses.fr

Mithilfe der »Platzanweiserinnen« entdecken Sie Paris auf ganz andere Art! Die familienfreundliche Website liefert Vorschläge für vergnügliche Themenwanderungen, Schatzsuchen oder Besuche an ungewöhnlichen Orten. Zu ihrem originellen, abwechslungsreichen Angebot gehören auch Koch- und Kreativ-Workshops.

Die 5 coolsten
COWORKING SPACES

---

486 **THE HOXTON**
**30–32 rue du Sentier
2. Arr. – Louvre &
Les Halles (RD) ②
+33 (0)1 8565 7500
thehoxton.com/paris**

Ein wunderbarer Arbeitsplatz mit bequemen Armstühlen unter dem Glasdach des gleichnamigen hübschen Hotels an der Rue du Sentier. Mit dem eigenen Laptop nimmt man Platz an einem langen Holztisch in der hoteleigenen Brasserie, ausgestattet mit Steckdosen, WLAN – und großartigem Kaffee.

487 **RESIDENCE KANN**
**28 rue des
Vinaigriers
10. Arr. – Belleville &
Umgebung (RD) ⑨
+33 (0)9 5340 8698
www.kanndesign.com**

Ein Café nicht weit vom Canal Saint-Martin, wo man bei Kaffee und Kuchen ein paar Stunden entspannt arbeiten kann. Für das minimalistische, doch einladende Interieur zeichneten Kann Design verantwortlich, deren Showroom man nur wenige Häuser weiter findet. Im Café werden auch regelmäßig Arbeiten anderer Designer ausgestellt.

488 ANTICAFÉ

**79 rue Quincampoix
3. Arr. – Marais &
Bastille (RD) ③
+33 (0)1 7373 1074
*anticafe.fr***

Im Anticafé zahlen Sie nach Zeit: 4 Euro pro Stunde oder 14 Euro für den ganzen Tag. Der Preis beinhaltet Getränke und Snacks sowie kostenlosen Wi-Fi-Zugang, einen Scanner, einen Drucker, einen Beamer, die Bibliothek und die Spielesammlung. Ideal, um in einer ruhigen Umgebung zu arbeiten oder sich mit den Leuten am Nachbartisch auszutauschen. (Mehrere Filialen in Paris und Frankreich.)

489 LA CHAMBRE AUX OISEAUX

**48 rue Bichat
10. Arr. – Belleville &
Umgebung (RD) ⑨
+33 (0)1 4018 9849
*lachambreauxoiseaux.
tumblr.com***

Dieses nette Café ist gemütlich mit einem Mix unterschiedlicher Möbel und Blümchentapeten eingerichtet, alle Besucher mit Laptop sind willkommen. Hier treffen Sie auf Blogger oder Mädchencliquen, die wegen des leckeren Gebäcks vorbeischauen. Sie können den ganzen Tag bleiben und das Wi-Fi in ruhiger Umgebung nutzen.

490 LES ATELIERS DRAFT

**12 esplanade
Nathalie Sarraute
18. Arr. – Belleville &
Umgebung (RD) ⑨
+33 (0)9 8101 0217
*ateliers-draft.com***

Suchen Sie einen Arbeitsplatz für 3 Stunden oder 3 Monate? Soll das Atelier mit Werkzeug – Laubsäge, Nähmaschine oder 3-D-Drucker – ausgestattet sein? Oder möchten Sie mit Gleichgesinnten Ideen austauschen und diskutieren? Les Ateliers DRAFT sind ein einzigartiger Coworking Space für unabhängige Kreative. Hier können sie ein Projekt von Anfang bis Ende in einer künstlerischen und anregenden Umgebung ausarbeiten.

Die 5 besten Orte für die
FITNESS

---

491 **LA MONTGOLFIÈRE**
25 rue Yves Toudic
10. Arr. – Belleville &
Umgebung (RD) ⑨
+33 (0)1 8398 8563
lamontgolfiereclub.com

In einer ehemaligen Fabrik für Heißluftballons im Zentrum von Paris logiert der lichte, luxuriöse Sportclub, der ein breites Spektrum an Fitness-Leistungen anbietet. Gruppenkurse, separate Räume für bestimmte Sportarten wie Boxen und ein Café für die kleine Pause … Buchen Sie am besten einen Schnuppertag.

492 **RUNNING TOUR**
parisrunningtour.com

Wenn Sie Paris mal aus einer anderen Perspektive erkunden möchten, warum nicht den Stadtrundgang mit etwas Jogging kombinieren? Laufen Sie an den Ufern der Seine entlang, vorbei an den beeindruckenden Denkmälern der Stadt, über legendäre Brücken und verlassene Plätze, und genießen Sie das Morgenlicht, während die Stadt erwacht – und lassen Sie sich währenddessen von Ihrem Lauf- und Paris-Guide etwas zur Geschichte der Stadt erzählen.

493 TENNISPLÄTZE TENNIS DU JARDIN DU LUXEMBOURG

3 rue Guynemer
6. Arr. – Saint-Germain-des-Prés & Montparnasse (RG) ⑤
+33 (0)1 4325 7918

Diese Tennisplätze sind bei den Parisern sehr beliebt, deshalb muss man lange im Voraus buchen, um einen der sechs Plätze im Jardin du Luxembourg zu ergattern. Aber was für ein Vergnügen, in einem der schönsten historischen Gärten der Stadt Tennis spielen zu dürfen!

494 PISCINE PONTOISE

17 rue de Pontoise
5. Arr. – Quartier Latin (RG) ⑦
+33 (0)1 5542 7788
paris.fr

Im denkmalgeschützten, roten Backsteinbau, 1933 vom Architekten Lucien Pollet im Art-déco-Stil entworfen, befindet sich eines der schönsten Schwimmbäder der Hauptstadt. Das 33 Meter lange Schwimmbecken wird von einem riesigen Glasdach überfangen und auch die Einzel-Umkleidekabinen im Art-déco-Stil sind erhalten. Fitness-Fans werden sich über den Fitnessraum mit Cardio-Geräten, den Kraftraum und die Sauna freuen. Das Schwimmbecken ist augenblicklich wegen Renovierung geschlossen. Geplante Wiedereröffnung: Ende September 2022.

495 LE BATTLING CLUB

13 rue de la Grange aux Belles
10. Arr. – Belleville & Umgebung (RD) ⑨
+33 (0)1 4201 2412
battlingclubparis10.fr

Das ehemalige Lagerhaus wurde zu einer kleinen Sporthalle für Männer, Frauen und Kinder umgebaut und bietet Kampfsportkurse an: Boxen, Savate-Boxe Française, Wrestling oder Mixed Martial Arts. Die Stammgäste schätzen die Nähe zum Canal Saint-Martin, nach dem Training können sie einen Drink auf der Terrasse genießen.

5 wichtige Ereignisse im
LEBEN
EINES PARISERS

---

496 SALON EMMAÜS
PARIS EXPO
PORTE DE VERSAILLES
1 place de la Porte de Versailles
15. Arr.
emmaus-france.org

Die NGO Emmaüs kümmert sich seit fast 70 Jahren um Obdachlose und bietet Hilfe zur Selbsthilfe. Einmal im Jahr organisiert der Verein einen riesigen Flohmarkt, der Gewinn geht an internationale Hilfsprojekte. Alle Recycling-Enthusiasten und Schnäppchenjäger finden hier eine unglaubliche Auswahl an Kleidungsstücken, Möbeln, Fahrrädern, Büchern, Schallplatten, Spielzeug und vielen anderen nützlichen Dingen.

497 DESIGN MIAMI/PARIS
GRAND PALAIS
Avenue Winston Churchill
8. Arr. – Arc de Triomphe, Champs-Élysées & Grands Boulevards (RD) ①
designmiami.com

Die weltberühmte Designmesse soll im Herbst 2022 unter dem ikonischen Glasdach des Grand Palais neben Miami und Basel mit einem weiteren Ableger in Europa starten. Auch in Paris erhält man damit die Möglichkeit, an den Ständen weltweit einflussreicher Galerien interessante Objekte vielversprechender aufstrebender junger Künstlertalente zu entdecken.

498 SALON DE L'AGRICULTURE
PARIS EXPO
PORTE DE VERSAILLES
1 place de la Porte de Versailles
15. Arr.
salon-agriculture.com

Der Salon ist die wichtigste Landwirtschaftsmesse in Frankreich und zieht jedes Jahr Tausende von Besuchern an. Eine Woche lang treffen sich hier 1300 Aussteller aus 22 Ländern und präsentieren regionale Produkte sowie regionale und internationale Küche. Gleichzeitig kann man Hunderte von Tieren ansehen, die ihre Wiesen und Ställe für einen Ausflug nach Paris verlassen haben.

499 RETROMOBILE
PARIS EXPO
PORTE DE VERSAILLES
1 place de la Porte de Versailles
15. Arr.
retromobile.com

Der Pflichttermin für alle Oldtimersammler und -liebhaber! Jedes Jahr im Februar werden hier Hunderte von Autos und Motorrädern ausgestellt und von rund 90 000 Besuchern bewundert. Diese Veranstaltung ist auch eine wunderbare Gelegenheit, sich mit Autoprofis wie Restauratoren, Karosseriewerkstätten und Ersatzteilhändlern zu treffen.

500 LE MARATHON DE PARIS
schneiderelectric parismarathon.com

Der Marathon von Paris gehört zu den fünf größten Laufveranstaltungen weltweit. Dieses legendäre Rennen über 42,195 km findet seit 1976 jedes Jahr im April statt. Eine großartige Gelegenheit für Athleten, die Stadt zu erobern, von den Champs-Élysées bis zum Bois de Vincennes, an der Seine entlang und durch den Bois de Boulogne – bis man auf der Avenue Foch das Ziel erreicht, angefeuert von der begeisterten Zuschauermenge.

REGISTER

À la Mère de Famille	56	
À la Poupée Merveilleuse	212	
À Rebours	121	
Adeline Klam	112	
à demain	123	
Ailleurs	108, 118	
AIMÉE.AIMER	135	
Alléosse	64	
Amagat	35	
Amélie, Maison d'Art	201	
AMI	145	
Anticafé	255	
Antoinette Poisson	112	
Appartement-Atelier de Le Corbusier	195	
Arôm	104	
Artcurial	106	
Arts et Métiers (Metro)	161	
Astier de Villatte	109	
Atelier Guy Martin	73	
Athénée – Théâtre Louis-Jouvet	237	
Au Chat Bleu	56	
Au Clown de Paris	212	
Au Coin des Gourmets	40	
Au cotillon moderne	213	
Au Fou Rire	213	
Au Général Lafayette	245	
Au Petit Bonheur la Chance	125	
Au Petit Fer à Cheval	22	
Au Pied de Cochon	244	
Aux Deux Amis	89	
Aux Feux de la Fête	213	
Aux Merveilleux de Fred	78	
Bachelier Antiquités	129	
Badaboum	242	
Balagan	34	
Balls	77	
Bambino	83	
BAM Karaoké Box	240	
Bapbap	96	
Barthélemy	63	
Basilique Sacré Cœur	171	
Batobus	179	
Beefbar	27	
Belle Lurette	125	
Bibliothèque Forney	162	
Bibliothèque Historique de la Ville de Paris	163	
Bibliothèque INHA	163	
Bibliothèque Mazarine	163	
Bibliothèque Sainte-Geneviève	162	
Bistrot Paul Bert	26	
Blanche	247	
Blé Sucré	53	
Blend	69	
Bleuet coquelicot	105	
Blogs	252–253	
Bontemps	50	
Bonton	221	
BOON	145	
Boris Lumé	55	
Brut	142	
Buffet	30	
Buly 1803	109	
Busstrecken	178–179	
Café A	241	
Café Berry	72	
Café Charlot	89	
Café Kitsuné	101	
Café La Perle	88	
Café Verlet	98	
Cali Sisters	37	
Calligrane	112	
Candelaria	85	
Caractère de Cochon	47	
Caravane	116	
Carpenters Workshop Gallery	200	
causses	58	
Caves Legrand	92	
Centre Commercial	137	
Centre Pompidou	173	
Chantelivre	107	
Charvet	145	
Château Voltaire	226	
Chez Aline	47	
Chez Jeannette	89	
Chez Julien	28	
Chez Sarah	128	
Chinatown Olympiades	240	
Christine Diegoni	123	
Cibus	39	
Cinéma en Plein Air	247	
Cité de la Mode et du Design	155, 202	
Claus	72	
Cluny-La Sorbonne	161	
Coffee Club	217	
Coin Canal	123	
Colonel	119	
Combat Belleville	85	
Come on Eileen	139	
Concorde	160	
Cour de Rohan	176	
Cour des Vosges	227	
Courty & Fils	130	
Cul de Cochon	45	
CyKlop	185	
Cyril Lignac	48	
Dalmata	216	
Dam Boutons	147	
Damyel	57	
Danico	84	
Datcha	131	

Derrière	37	
Design Miami/Paris	258	
Deyrolle	189	
Didier Ludot	142	
Dilettantes	95	
Domaine de Chamarande	205	
Doursoux	144	
Du Pain et des Idées	53	
East Mamma	39	
Edgar	226	
Église Russe Orthodoxe Saint-Serge de Radonège	166	
Église Saint-Germain de Charonne	166	
Empreintes	136	
Épices Roellinger	60	
Eric Chauvin	104	
Ex Nihilo	114	
Expérimental Cocktail Club	84	
Falbalas	143	
Fine Spirits	96	
Finger in the Nose	221	
Flower	105, 157	
Flower Tower	157	
Fondation Cartier	154	
Fondation Dubuffet	194	
Four Seasons Hôtel George V	86	
Fragments	72	
Free'P'Star	139	
Frenchie	30	
French Trotters	141	
Fromagerie Griffon	63	
Fromagerie Laurent Dubois	64	
Fromagerie Quatrehomme	64	
Galerie 54	198	
Galerie Armel Soyer	201	
Galerie Chevalier	198	
galerie Gagosian	205	
Galerie Gosserez	201	
Galerie Gradiva	199	
Galerie J. Kugel	199	
Galerie Kamel Mennour	196	
Galerie Kreo	200
Galerie LSd	119
Galerie Marian Goodman	197
Galerie-Musée Baccarat	193
Galerie Perrotin	196
Galerie Thaddaeus Ropac	196, 204
Galleria Continua	204
garage	243
G. Detou	58
Goutte de Thé	97
Grande Pagode de Vincennes	167
Grand Hôtel du Palais-Royal	229
GROS BAO	77
Guenmai	33
Haikara	44
HAND	70
Hippodrome de Vincennes	209
Holybely 19	36
Home Autour du Monde	121
Hôtel Amour	227
Hôtel Bel Ami	231
Hôtel des Grandes écoles	224
Hotel du Nord	231
Hôtel Fouquet's Barrière	155
Hôtel Paradiso	225
Hôtel Particulier Montmartre	224
Hôtel Plaza Athénée	86
Hôtel Providence	71
hôtel Raphael	229
Hôtel Regina	230
Hôtel Sookie	225
Il Était une Fois	211
Immeuble à Gradins	153
Immeuble de Rapport	152
Immeuble Mouchotte	154
institut Suédois	91
Izraël	59
Jamini	109
Jardin Albert Kahn	181

Jardin Catherine Labouré	180	
Jardin des Plantes	215	
Jardin Saint-Gilles Grand Veneur	181	
JLR	113	
Joe Allen	69	
Jugetsudo	98	
Kidimo	218	
Kilo Shop	138	
Kiosque des Noctambules	160	
Kitchen	31	
Kochschule Alain Ducasse	74	
Kodawari Ramen	44	
Kunitoraya	44	
L'Ebouillanté	90	
L'Éclair de Génie	78	
L'Hôtel	230	
L'Hôtel-Atelier des Frères Martel	153	
L'Opéra Garnier	189	
La Bovida	131	
La Brocante de la Rue de Bretagne	126	
La Brocante de l'Avenue de Trudaine	127	
La Butte aux Cailles	186	
La Buvette	94	
La Campagne à Paris	174	
La Cartoucherie	236	
La Cave à Michel	83	
La Cave de la Grande Epicerie de Paris	96	
La Cerise sur le Chapeau	113	
La Chambre aux Oiseaux	255	
La Cité Universitaire	152	
La Coulée Verte	186	
La Crèmerie	65	
La Droguerie	147	
Lafayette Anticipations	203	
La Felicità	68	
La ferme de Gally	208	
La Foire de Chatou	127	
La Gaîté Lyrique	203	

La Galerie Steinitz	199	Le Battling Club	257	Little Red Door	85
La Gare	83	Le Bistrot Vivienne	24	Liza	35
La Grande Cascade	189	Le Bonbon au Palais	60	Louis Louise	220
La Grande Mosquée de Paris	75	Le Bristol	228	LouLou	90
La Guinguette d'Angèle	33	Le Champo	246	Loustic	99
La Maison de l'Aubrac	245	Le Chardenoux	24	Louxor	246
La Maison de Balzac	250	Le Cherche Midi	39	Ma Cocotte	37
La Maison de Dalida	251	Le Cinq Codet	228	Mademoiselle Steinitz	143
La Maison de Georges Brassens	251	Le Clown Bar	29	Maison des Trois Thés	97
La Maison de la Radio	235	Le Cordon Bleu	73	Maisonjaune Studio	129
La Maison de Serge Gainsbourg	251	Le Dôme	189	Maison Kitsuné	144
La Maison des Petits	209	Le Fooding	252	Maison Labiche	113
La Maison de Victor Hugo	250	Le Gyoza Bar	78	Maison Louis Carré	205
La Maison du Whisky	95	Le Marathon de Paris	259	Maison Maison	28
La Maison Plisson	68	Le Mary Celeste	83	Maison Nordik	122
La Mano	242	Le Meurice	87	Maison Sarah Lavoine	118
La manufacture de chocolat	57	Le Moulin de la Vierge	71	Maison Tristan Tzara	153
La Maroquinerie	234	Le Paris Hanoi	41	Maison Trudon	108
La Mercerie de Charonne	146	Le Pavillon de la Reine	231	Mama Shelter	36
La Montgolfière	256	Le Pavillon Puebla	216	Mamie Blue	142
La Mouzaïa	175	Le Perchoir	91	Marché Biologique des Batignolles	52
La Nouvelle Chambre Claire	106	Le Petit Keller	30	Marché Convention	51
La Palette	23	Le Petit Vendôme	45	Marché d'Aligre	51
La Pâtisserie des Martyrs	50	Le Pure Café	23	Marché l'Usine	129
La Petite Ceinture	187	Le Richer	26	Marché des Enfants Rouges	52
La Philharmonie de Paris	235	Le Royal Monceau	87	Marché du Président Wilson	52
La Pointe du Grouin	47	Les Ateliers DRAFT	255	Mariage Frères	98
La Poule au Pot	245	Les Jardins de Bagatelle	214	Marie-Hélène de Taillac	134
La Recyclerie	241	Les Ouvreuses	253	Marie Puce	220
La Ruche	165	Le Square Trousseau	22	Marins d'eau douce	209
La Suite Girafe	82	Les Trois Baudets	235	Marion Vidal	135
La Table Unique	38	Le Tambour	244	Medecine Douce	135
La Tête dans les Olives	62	Le Train Bleu	188	MEP	203
La Trésorerie	118	Le Trianon	234	Merci	116
L'Augustine	217	Le Verre Volé	68	Merci Alfred	253
Le 404	27	Les Arènes de Lutèce	165	Mersea Beaupassage	59
Le Bal	202	Les Femmes s'en Mêlent	239	Minois	219
Le Baratin	26	Les Jardins des Hôtels d'Assy et de Breteuil	148, 180	Miss.Tic	185
Le Bar du Marché	23	Les Puces de Saint-Ouen	189	Mmmozza	62
Le Baron Rouge	92	Les Puces du Design	126	MO'FO	239
		Librairie de l'Avenue	128	Mombini	219
		librairie gourmande	107	Monsieur Paris	135
		Librairie Jousseaume	107	Montmartre	173
		Lily of the Valley	76	Mora	130
		L'Instant Cacao	57	Moustache	121

Mur Jef Aérosol	185	Place du Marché Sainte-Catherine	90	Si Tu Veux (Jouer)	211
Musée Bourdelle	195	Place Émile Goudeau	170	Smallable	206, 218
Musée de la Chasse et de la Nature	193	Place Furstenberg	170	Sœur	141
Musée de la Vie Romantique	76	Place Gustave Toudouze	168	Sola	42
Musée des Arts Forains	192	Place Saint-Blaise	188	SoWeAre	137
Musée E. Delacroix	194	Place Sainte-Marthe	168	Soya	33
Musée National Gustave Moreau	195	Plaq	50	Space Invader	184
Musée Nissim de Camondo	193	PNY	70	Spree	137
Musée Zadkine	192	Poilâne	55	Square de Montsouris	174
My Little Paris	252	Polka Galerie	197	Square du Vert Galant	180
Noir	101	Pont Neuf	158	Street-Art	184–185
Notsobig	219	Pont Saint-Louis	159	Street Art 13	185
Nous Paris	131	Prince de Galles	87	Street Bangkok	41
Nouvel Amour	114	Printemps	173	Synagogue de la Rue Pavée	167
Nouvel Odéon	246	Promenade Gourmande	187	Tapisserie	48
Odéon – Théâtre de l'Europe	237	Puces de Vanves	127	Télescope	99
OGATA	42	Que faire à paris?	253	Temple Ganesh	167
Open-Air-Kino	247	RAP	59	Ten Belles	101
Pain D'épices	211	Reklamewände	182–183	Tennisplätze im Jardin du Luxembourg	257
Papier+	110	Réservoir de Montsouris	165	Terrass" Hôtel	225
Papier Tigre	110	Residence Kann	254	Thaï Royal	41
Parc de Belleville	171	Retromobile	259	The Broken Arm	136
Parc des Buttes-Chaumont	215	Rex Club	242	The Hoxton Paris	227
Parc Floral de Paris	215	Ritz Escoffier	74	Théâtre de l'Atelier	237
Parc Montsouris	214	Rock en Seine	238	Théâtre des Bouffes du Nord	236
Parole in Cucina	74	Rotonde de la Villette	164	The Hoxton	254
Passage Brady	187	Rue Berton	176	Tilt Vintage	139
Passage Dauphine	177	Rue Crémieux	175	Tour Albert	156
Passage du Grand-Cerf	177	Rue des Thermopyles	175	Tour First	157
Passerelle Debilly	158	Rue du Chat Qui Pêche	176	Tour Super-Italie	156
Passerelle du Parc des Buttes-Chaumont	159	Running Tour	256	Tour Totem	157
Passerelle Simone-de-Beauvoir	158	Sadarnac	28	Ultramod	147
Passy	160	Sain	55	Valentine Gauthier	140
Pause Café	88	Saison Galerie	105	Verreglass	124
Pavillon de l'Arsenal	164	Salon de l'Agriculture	259	Vilac	211
Peppe Pizzeria	38	Salon Emmaüs	258	Village JouéClub	210
Petit Pan	221	Schwartz's Deli	69	Villette Sonique	238
Pierre Farman Antiques	124	Sébastien Gaudard	75	Vivant	94
Piscine pontoise	257	Septime	29	We Love Green	239
Place Dauphine	170	Septime La Cave	94	Wild & The Moon	31
		Sézane	141	WOMB	218
		Shabour	34	Yam'Tcha	40
		shangri-La Hôtel	229	yam'Tcha boutique	76
		Siège du Parti Communiste Français	155	Yaya	35
		Silencio	243	Yoga	208
				Ysé	141
				Zéro Zéro	240

IMPRESSUM

DEUTSCHE AUSGABE © 2022, 2020, 2019 BRUCKMANN VERLAG GMBH,
INFANTERIESTRASSE 11A, 80797 MÜNCHEN

AUTORIN – Marie Farman
FOTOS – Joram van Holen und Tino van den Berg
(S. 206: Smallable – S. 5, 32, 66–67, 82, 100, 140, 182, 210, 241: Roel Hendrickx)
LAYOUT – Joke Gossé und doublebill.design
DEUTSCHE ÜBERSETZUNG/LEKTORAT – Sabine Tönnies, Silke Elzner
PROJEKTLEITUNG – Claudia Hohdorf, Maren Langendorff
KORREKTORAT – Stefanie Adam
HERSTELLUNG – Alexander Knoll

Printed in Slowenien by Florjancic

ISBN 978-3-7343-1284-7
© 2014, Luster Publishing, Antwerpen; 8. Auflage Februar 2022
lusterpublishing.com – the500hiddensecrets.com – info@lusterpublishing.com

Alle Angaben dieses Werkes wurden von den Autoren sorgfältig recherchiert und auf den neuesten Stand gebracht sowie vom Verlag geprüft. Für die Richtigkeit der Angaben kann jedoch keine Haftung übernommen werden. Sollte dieses Werk Links auf Webseiten Dritter enthalten, so machen wir uns die Inhalte nicht zu eigen und übernehmen für die Inhalte keine Haftung.

In diesem Buch wird aus Gründen der besseren Lesbarkeit das generische Maskulinum verwendet. Weibliche und anderweitige Geschlechteridentitäten werden dabei ausdrücklich mitgemeint, soweit es für die Aussage erforderlich ist.

Sind Sie mit diesem Titel zufrieden? Dann würden wir uns über Ihre Weiterempfehlung freuen. Erzählen Sie es im Freundeskreis, berichten Sie Ihrem Buchhändler oder bewerten Sie bei Onlinekauf. Und wenn Sie Kritik, Korrekturen, Aktualisierungen haben, freuen wir uns über Ihre Nachricht an: Bruckmann Verlag, Postfach 40 02 09, D-80702 München, oder per E-Mail an: lektorat@verlagshaus.de.

Unser komplettes Buchprogramm finden Sie unter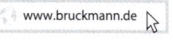

Alle Rechte vorbehalten.
Reproduktionen, Speicherungen in Datenverarbeitungsanlagen oder Netzwerken, Wiedergabe auf elektronischen, fotomechanischen oder ähnlichen Wegen, Funk oder Vortrag, auch auszugsweise, nur mit ausdrücklicher Genehmigung des Copyrightinhabers.

Die Deutsche Nationalbibliothek verzeichnet diese Publikation in der Deutschen Nationalbibliografie; detaillierte bibliografische Daten sind im Internet über http://dnb.d-nb.de abrufbar.